KB267313

王道

The Royal Way

JCR

王道

1판 1쇄 발행 | 2006년 12월 25일
1판 10쇄 발행 | 2025년 6월 15일

발행처 | ㈜대성 JCR
발행인 | 김정주

등록번호 | 제300-2003-82호
등록일자 | 2003년 5월 6일

서울시 용산구 후암로 57길 57 (동자동) ㈜대성
대표전화 | (02)6959-3140
팩스 | (02)6959-3144
email daesungbooks@korea.com

ISBN 978-89-954904-5-7 (03230)

이 책의 가격은 뒤표지에 있습니다.

본서에 사용한 개정개역판 성경전서 〈잠언〉의 저작권은 재단법인 대한성서공회 소유로
허락을 받고 사용하였습니다.

The Royal Way

JCR, DAESUNG CO., LTD.
57, Huam-ro 57-gil,
Yongsan-gu, Seoul, KOREA 140-821
Tel +82 2 6959 3140 Fax +82 2 6959 3144
email daesungbooks@korea.com

Printed in Korea.

王道

The Royal Way

제 1 장

솔로몬의 잠언

1　다윗의 아들 이스라엘 왕 솔로몬의 잠언이라

2　이는 지혜와 훈계를 알게 하며 명철의 말씀을 깨닫게 하며

3　지혜롭게, 공의롭게, 정의롭게, 정직하게 행할 일에 대하여 훈계를 받게 하며

4　어리석은 자를 슬기롭게 하며 젊은 자에게 지식과 근신함을 주기 위한 것이니

5　지혜 있는 자는 듣고 학식이 더할 것이요 명철한 자는 지략을 얻을 것이라

6　잠언과 비유와 지혜 있는 자의 말과 그 오묘한 말을 깨달으리라

젊은이에게 주는 교훈

7　여호와를 경외하는 것이 지식의 근본이거늘 미련한 자는 지혜와 훈계를 멸시하느니라

8　내 아들아 네 아비의 훈계를 들으며 네 어미의 법을 떠나지 말라

9　이는 네 머리의 아름다운 관이요 네 목의 금 사슬이니라

10　내 아들아 악한 자가 너를 꾈지라도 따르지 말라

11　그들이 네게 말하기를 우리와 함께 가자 우리가 가만히 엎드렸다가 사람의 피를 흘리자 죄 없는 자를 까닭 없이 숨어 기다리다가

12　스올 같이 그들을 산 채로 삼키며 무덤에 내려가는 자들 같이 통으로 삼키자

13　우리가 온갖 보화를 얻으며 빼앗은 것으로 우리 집을 채우리니

14　너는 우리와 함께 제비를 뽑고 우리가 함께 전대 하나만 두자 할지라도

15　내 아들아 그들과 함께 길에 다니지 말라 네 발을 금하여 그 길을 밟지 말라

第1章

序

1　イスラエルの王、ダビデの子、ソロモンの箴言。

2　これは知恵と諭しをわきまえ／分別ある言葉を理解するため

3　諭しを受け入れて／正義と裁きと公平に目覚めるため。

4　未熟な者に熟慮を教え／若者に知識と慎重さを与えるため。

5　これに聞き従えば、賢人もなお説得力を加え／聡明な人も指導力を増すであろう。

6　また、格言、寓話／賢人らの言葉と謎を理解するため。

7　主を畏れることは知恵の初め。／無知な者は知恵をも諭しをも侮る。

父の諭し (一)

8　わが子よ、父の諭しに聞き従え。／母の教えをおろそかにするな。

9　それらは頭に戴く優雅な冠／首にかける飾りとなる。

10　わが子よ／ならず者があなたを誘惑しても／くみしてはならない。

11　彼らはこう言うだろう。「一緒に来い。／待ち伏せして、血を流してやろう。／罪のない者をだれかれかまわず隠れて待ち

12　陰府のように、生きながらひと呑みにし／丸呑みにして、墓穴に沈めてやろう。

13　金目の物は何ひとつ見落とさず／奪った物で家をいっぱいにしよう。

14　我々と運命を共にせよ。／財布もひとつにしようではないか。」

15　わが子よ／彼らの道を共に歩いてはならない。／その道に足を踏み入れるな。

Chapter 1

How Proverbs Can Be Used

1 These are the proverbs of King Solomon of Israel, the son of David.

2 Proverbs will teach you wisdom and self-control and how to understand sayings with deep meanings.

3 You will learn what is right and honest and fair.

4 From these, an ordinary person can learn to be smart, and young people can gain knowledge and good sense.

5 If you are already wise, you will become even wiser. And if you are smart, you will learn to understand

6 proverbs and sayings, as well as words of wisdom and all kinds of riddles.

7 Respect and obey the LORD! This is the beginning of knowledge.[a] Only a fool rejects wisdom and good advice.

Warnings against Bad Friends

8 My child, obey the teachings of your parents,

9 and wear their teachings as you would a lovely hat or a pretty necklace.

10 Don't be tempted by sinners or listen

11 when they say, "Come on! Let's gang up and kill somebody, just for the fun of it!

12 They're well and healthy now, but we'll finish them off once and for all.

13 We'll take their valuables and fill our homes with stolen goods.

14 If you join our gang, you'll get your share."

15 Don't follow anyone like that or do what they do.

第 1 章

箴言的价值

1 大卫的儿子，以色列王所罗门的箴言。

2 这些箴言会使你认识智慧和训诲，
明白格言深奥的含义。

3 它们会教导你怎样过明智的生活，
怎样作诚实、公正、正直的人。

4 它们会使无知的人精明，
教导年轻人处事有方。

5 这些箴言也能使才智的人增长学问，
使明达的人获得开导，

6 明白箴言中的隐喻，以及明智的人所提出的问题。

劝告年轻人

7 敬畏上主是智慧的开端[1]。
愚蠢的人轻视智慧，也不愿意学习。

8 年轻人哪，要听从你父亲的训诲，
不可忘记你母亲的教导。

9 他们的教导，像戴上华冠，更显出你的品格；像带上项链，使你更俊美。

10 年轻人哪，如果坏人来勾引你，
不要随从他们。

11 如果他们说：「来吧，我们去杀人，
找几个无辜的人打一顿，当作消遣；

12 我们要像冥府把他们活生生地吞下，
叫健康的人跌进深坑；

13 我们会获得各种财物，
屋里装满了抢来的东西。

14 一起来干吧，让我们分享夺来的赃物。」

15 年轻人哪，不要跟从这种人，
要远远地避开他们。

---

a) the beginning of knowledge: Or "what knowledge is all about."

【1】「敬畏上主是智慧的开端」或译「智慧的重点在于敬畏上主」。

16 대저 그 발은 악으로 달려가며 피를 흘리는
데 빠름이니라

17 새가 보는 데서 그물을 치면 헛일이겠거늘

18 그들이 가만히 엎드림은 자기의 피를 흘릴
뿐이요 숨어 기다림은 자기의 생명을 해할
뿐이니

19 이익을 탐하는 모든 자의 길은 다 이러하여
자기의 생명을 잃게 하느니라

지혜가 부른다

20 지혜가 길거리에서 부르며 광장에서 소리를
높이며

21 시끄러운 길목에서 소리를 지르며 성문
어귀와 성중에서 그 소리를 발하여 이르되

22 너희 어리석은 자들은 어리석음을 좋아하며
거만한 자들은 거만을 기뻐하며 미련한
자들은 지식을 미워하니 어느 때까지
하겠느냐

23 나의 책망을 듣고 돌이키라 보라 내가 나의
영을 너희에게 부어 주며 내 말을 너희에게
보이리라

24 내가 불렀으나 너희가 듣기 싫어하였고
내가 손을 폈으나 돌아보는 자가 없었고

25 도리어 나의 모든 교훈을 멸시하며 나의
책망을 받지 아니하였은즉

26 너희가 재앙을 만날 때에 내가 웃을
것이며 너희에게 두려움이 임할 때에 내가
비웃으리라

27 너희의 두려움이 광풍 같이 임하겠고
너희의 재앙이 폭풍 같이 이르겠고
너희에게 근심과 슬픔이 임하리니

28 그 때에 1)너희가 나를 부르리라 그래도
내가 대답하지 아니하겠고 2)부지런히 나를
찾으리라 그래도 나를 만나지 못하리니

29 대저 너희가 지식을 미워하며 여호와
경외하기를 즐거워하지 아니하며

30 나의 교훈을 받지 아니하고 나의 모든
책망을 업신여겼음이니라

16 彼らの足は悪事に向かって走り／流血を
たくらんで急ぐ。

17 翼あるものは見ている。／網を仕掛ける
のは徒労だ。

18 待ち伏せて流すのは自分の血。／隠れて
待っても、落とすのは自分の命。

19 これが不当な利益を求める者の末路。／
奪われるのは自分の命だ。

知恵の勧め（一）

20 知恵は巷に呼ばわり／広場に声をあげ
る。

21 雑踏の街角で呼びかけ／城門の脇の通路
で語りかける。

22 「いつまで／浅はかな者は浅はかである
ことに愛着をもち／不遜な者は不遜であ
ることを好み／愚か者は知ることをいと
うのか。

23 立ち帰って、わたしの懲らしめを受け入
れるなら／見よ、わたしの霊をあなたた
ちに注ぎ／わたしの言葉を示そう。

24 しかし、わたしが呼びかけても拒み／手
を伸べても意に介せず

25 わたしの勧めをことごとくなおざりにし
／懲らしめを受け入れないなら

26 あなたたちが災いに遭うとき、わたしは
笑い／恐怖に襲われるとき、嘲笑うであ
ろう。

27 恐怖が嵐のように襲い／災いがつむじ風
のように起こり／苦難と苦悩があなたた
ちを襲うとき。」

28 そのときになって／彼らがわたしを呼ん
でもわたしは答えず／捜し求めても／わ
たしを見いだすことはできない。

29 彼らは知ることをいとい／主を畏れるこ
とを選ばず

30 わたしの勧めに従わず／懲らしめをすべ
てないがしろにした。

1)히, 그들
2)이른 아침에

16 They are in a big hurry to commit some crime, perhaps even murder.

17 They are like a bird that sees the bait, but ignores the trap.[b]

18 They gang up to murder someone, but they are the victims.

19 The wealth you get from crime robs you of your life.

Wisdom Speaks

20 Wisdom[c] shouts in the streets wherever crowds gather.

21 She shouts in the marketplaces and near the city gates as she says to the people,

22 "How much longer will you enjoy being stupid fools? Won't you ever stop sneering and laughing at knowledge?

23 Listen as I correct you and tell you what I think.

24 You completely ignored me and refused to listen;

25 you rejected my advice and paid no attention when I warned you.

26 "So when you are struck by some terrible disaster,

27 or when trouble and distress surround you like a whirlwind, I will laugh and make fun.

28 You will ask for my help, but I won't listen; you will search, but you won't find me.

29 No, you would not learn, and you refused to respect the LORD.

30 You rejected my advice and paid no attention when I warned you.

16 他们急着要做坏事，随时随地想杀人。

17 鸟儿警戒着的时候，
你想抓它是徒然的；

18 可是坏人正是为自己张下罗网，
要害死自己。

19 打家劫舍的人往往自己丧命；以窃夺为
生的人所遭遇的【2】正是这样。

智慧的呼声

20 听吧，智慧在街市和广场上呼唤，

21 在城门边和人群拥挤的地方高声呐喊：

22 「愚蠢的人哪，你们这样愚蠢要到几时
呢？你们轻蔑知识要到几时呢？你们始
终不觉悟吗？

23 要听我的劝告；我要指导你们，
把我所懂得的告诉你们。

24 我在呼唤，你们不听；我邀请你们，
你们全不理会。

25 你们蔑视我的一切劝告，
不愿意我纠正你们。

26-27 因此，你们灾祸临头，我要讥嘲；
你们遭遇不幸，恐怖像风暴袭击你们，
带来灾难，使你们悲愁痛苦，我要嗤笑
你们。

28 那时，你们要呼求我，我必不理会；
要寻找我，必找不到。

29 你们一向不要知识，也不敬畏上主。

30 你们从来不尊重我的劝告，
藐视我的责备。

---

b) They are... trap: Or "Be like a bird that won't go for the bait, if it sees the trap."
c) Wisdom: In the book of Proverbs the word "wisdom" is sometimes used as though wisdom were a supernatural being who was with God at the time of creation.

【2】「所遭遇的」是根据一古译本，希伯来文是「……的道路」。

31 그러므로 자기 행위의 열매를 먹으며 자기
　 꾀에 배부르리라

32 어리석은 자의 퇴보는 자기를 죽이며
　 미련한 자의 안일은 자기를 멸망시키려니와

33 오직 내 말을 듣는 자는 평안히 살며 재앙의
　 두려움이 없이 안전하리라

31 だから、自分たちの道が結んだ実を食べ
　／自分たちの意見に飽き足りるがよい。

32 浅はかな者は座して死に至り／愚か者は
　 無為の内に滅びる。

33 わたしに聞き従う人は確かな住まいを得
　／災難を恐れることなく平穏に暮らす。

31 "Now you will eat the fruit of what you have done, until you are stuffed full with your own schemes.

32 Sin and self-satisfaction bring destruction and death to stupid fools.

33 But if you listen to me, you will be safe and secure without fear of disaster."

31 因此，你们要自食其果，
为自己的行为所伤害。

32 无知的人因拒绝智慧而丧命。
愚蠢的人因逍遥自得而毁灭。

33 但那听从我的人必然安全；
他要享受康宁，不怕灾害。」

제 2 장

지혜가 주는 유익

1 내 아들아 네가 만일 나의 말을 받으며 나의 계명을 네게 간직하며

2 네 귀를 지혜에 기울이며 네 마음을 명철에 두며

3 지식을 불러 구하며 명철을 얻으려고 소리를 높이며

4 은을 구하는 것 같이 그것을 구하며 감추어진 보배를 찾는 것 같이 그것을 찾으면

5 여호와 경외하기를 깨달으며 하나님을 알게 되리니

6 대저 여호와는 지혜를 주시며 지식과 명철을 그 입에서 내심이며

7 그는 정직한 자를 위하여 완전한 지혜를 예비하시며 행실이 온전한 자에게 방패가 되시나니

8 대저 그는 정의의 길을 보호하시며 그의 성도들의 길을 보전하려 하심이니라

9 그런즉 네가 공의와 정의와 정직 곧 모든 선한 길을 깨달을 것이라

10 곧 지혜가 네 마음에 들어가며 지식이 네 영혼을 즐겁게 할 것이요

11 근신이 너를 지키며 명철이 너를 보호하여

12 악한 자의 길과 패역을 말하는 자에게서 건져 내리라

13 이 무리는 정직한 길을 떠나 어두운 길로 행하며

14 행악하기를 기뻐하며 악인의 패역을 즐거워하나니

15 그 길은 구부러지고 그 행위는 패역하니라

第2章

父の諭し (二)

1 わが子よ／わたしの言葉を受け入れ、戒めを大切にして

2 知恵に耳を傾け、英知に心を向けるなら

3 分別に呼びかけ、英知に向かって声をあげるなら

4 銀を求めるようにそれを尋ね／宝物を求めるようにそれを捜すなら

5 あなたは主を畏れることを悟り／神を知ることに到達するであろう。

6 知恵を授けるのは主。／主の口は知識と英知を与える。

7 主は正しい人のために力を／完全な道を歩く人のために盾を備えて

8 裁きの道を守り／主の慈しみに生きる人の道を見守ってくださる。

9 また、あなたは悟るであろう／正義と裁きと公平はすべて幸いに導く、と。

10 知恵があなたの心を訪れ、知識が魂の喜びとなり

11 慎重さがあなたを保ち、英知が守ってくれるので

12 あなたは悪い道から救い出され／暴言をはく者を免れることができる。

13 彼らはまっすぐな道を捨て去り、闇の道を歩き

14 悪を働くことを楽しみとし／悪と暴言に小躍りする者。

15 彼らの道筋は曲がり、通う道はくねっている。

Chapter 2 / 第 2 章

Wisdom and Bad Friends / 智慧之果

1 My child, you must follow and treasure my teachings and my instructions.

1 年轻人哪，要学习我的教导，
不可忘记我给你的指示。

2 Keep in tune with wisdom and think what it means to have common sense.

2 要听明智的训言，明白它的意义。

3 Beg as loud as you can for good common sense.

3 是的，要追求知识；要寻求领悟。

4 Search for wisdom as you would search for silver or hidden treasure.

4 要像寻求银子一样热心，
像搜索宝藏一样认真。

5 Then you will understand what it means to respect and to know the LORD God.

5 这样，你就会领悟什么是敬畏上主，
明白什么是认识上帝。

6 All wisdom comes from the LORD, and so do common sense and understanding.

6 因为，赐智慧的是上主，
知识和悟性都是从他来的。

7 God gives helpful advice[d] to everyone who obeys him and protects all of those who live as they should.

7 他帮助正直的人，保护诚实的人。

8 God sees that justice is done, and he watches over everyone who is faithful to him.

8 他帮助待人公道的人，
卫护对他忠诚的人。

9 With wisdom you will learn what is right and honest and fair.

9 你若听从我，就会知道什么是诚实、公
平、正直，知道什么是你们应当做的。

10 Wisdom will control your mind, and you will be pleased with knowledge.

10 你会成为明智的人，
而知识会使你欢愉。

11 Sound judgment and good sense will watch over you.

11 你的远见要卫护你，悟性要保护你，

12 Wisdom will protect you from evil schemes and from those liars

12 使你不至于做错了事，要保守你，
使你远离那些以口舌惹是生非的人，

13 who turned from doing good to live in the darkness.

13 远避那些背弃正道、生活在黑暗中、

14 Most of all they enjoy being mean and deceitful.

14 喜欢作恶、以邪恶为乐、

15 They are dishonest themselves, and all they do is crooked.

15 走弯曲道路、不可信赖的人。

---

d) helpful advice: Or "wisdom."

16 지혜가 또 너를 음녀에게서, 말로 호리는
이방 계집에게서 구원하리니

17 그는 젊은 시절의 짝을 버리며 그의
하나님의 언약을 잊어버린 자라

18 그의 집은 사망으로, 그의 길은 스올로
기울어졌나니

19 누구든지 그에게로 가는 자는 돌아오지
못하며 또 생명 길을 얻지 못하느니라

20 지혜가 너를 선한 자의 길로 행하게 하며 또
의인의 길을 지키게 하리니

21 대저 정직한 자는 땅에 거하며 완전한 자는
땅에 남아 있으리라

22 그러나 악인은 땅에서 끊어지겠고 간사한
자는 땅에서 뽑히리라

16 また、よその女、滑らかに話す異邦の女
をも／あなたは免れることができる。

17 若き日の伴侶を捨て／自分の神との契約
を忘れた女を。

18 彼女の家は死へ落ち込んで行き／その道
は死霊の国へ向かっている。

19 彼女のもとに行く者はだれも戻って来な
い。／命の道に帰りつくことはできな
い。

20 こうして／あなたは善人の道を行き／神
に従う人の道を守ることができよう。

21 正しい人は地に住まいを得／無垢な人は
そこに永らえる。

22 神に逆らう者は地から断たれ／欺く者は
そこから引き抜かれる。

Wisdom and Sexual Purity

16 Wisdom will protect you from the smooth talk of a sinful woman,

17 who breaks her wedding vows and leaves the man she married when she was young.

18 The road to her house leads down to the dark world of the dead.

19 Visit her, and you will never find the road to life again.

20 Follow the example of good people and live an honest life.

21 If you are honest and innocent, you will keep your land;

22 if you do wrong and can never be trusted, you will be rooted out.

16 智慧使你能够抗拒想用甜言蜜语勾引你的女人。

17 这女人对自己的丈夫不贞，
忘记了自己神圣的誓约。

18 你如果上她的家，无异走上死路；
她的路导向阴间。

19 凡去探望她的人没有一个回来，
没有回到生路上来的人。

20 所以，你要以好人为榜样，
过正直的生活。

21 正直忠诚的人得以定居在这片土地上；

22 但是上帝要从这地上铲除作恶的人，
像拔草一样把罪人除灭。

제 3 장

젊은이에게 주는 교훈

1 내 아들아 나의 법을 잊어버리지 말고 네 마음으로 나의 명령을 지키라

2 그리하면 그것이 네가 장수하여 많은 해를 누리게 하며 평강을 더하게 하리라

3 인자와 진리가 네게서 떠나지 말게 하고 그것을 네 목에 매며 네 마음판에 새기라

4 그리하면 네가 하나님과 사람 앞에서 은총과 귀중히 여김을 받으리라

5 너는 마음을 다하여 여호와를 신뢰하고 네 명철을 의지하지 말라

6 너는 범사에 그를 인정하라 그리하면 네 길을 지도하시리라

7 스스로 지혜롭게 여기지 말지어다 여호와를 경외하며 악을 떠날지어다

8 이것이 네 몸에 양약이 되어 네 골수를 윤택하게 하리라

9 네 재물과 네 소산물의 처음 익은 열매로 여호와를 공경하라

10 그리하면 네 창고가 가득히 차고 네 포도즙 틀에 새 포도즙이 넘치리라

11 내 아들아 여호와의 징계를 경히 여기지 말라 그 꾸지람을 싫어하지 말라

12 대저 여호와께서 그 사랑하시는 자를 징계하시기를 마치 아비가 그 기뻐하는 아들을 징계함 같이 하시느니라

13 지혜를 얻은 자와 명철을 얻은 자는 복이 있나니

14 이는 지혜를 얻는 것이 은을 얻는 것보다 낫고 그 이익이 정금보다 나음이니라

15 지혜는 진주보다 귀하니 네가 사모하는 모든 것으로도 이에 비교할 수 없도다

第3章

父の諭し (三)

1 わが子よ、わたしの教えを忘れるな。／わたしの戒めを心に納めよ。

2 そうすれば、命の年月、生涯の日々は増し／平和が与えられるであろう。

3 慈しみとまことがあなたを離れないようにせよ。／それらを首に結び／心の中の板に書き記すがよい。

4 そうすれば、神と人の目に／好意を得、成功するであろう。

5 心を尽くして主に信頼し、自分の分別には頼らず

6 常に主を覚えてあなたの道を歩け。／そうすれば／主はあなたの道筋をまっすぐにしてくださる。

7 自分自身を知恵ある者と見るな。／主を畏れ、悪を避けよ。

8 そうすれば、あなたの筋肉は柔軟になり／あなたの骨は潤されるであろう。

9 それぞれの収穫物の初物をささげ／豊かに持っている中からささげて主を敬え。

10 そうすれば、主はあなたの倉に穀物を満たし／搾り場に新しい酒を溢れさせてくださる。

11 わが子よ、主の諭しを拒むな。／主の懲らしめを避けるな。

12 かわいい息子を懲らしめる父のように／主は愛する者を懲らしめられる。

知恵の勧め (二)

13 いかに幸いなことか／知恵に到達した人、英知を獲得した人は。

14 知恵によって得るものは／銀によって得るものにまさり／彼女によって収穫するものは金にまさる。

15 真珠よりも貴く／どのような財宝も比べることはできない。

Chapter 3

Trust God

1 My child, remember my teachings and instructions and obey them completely.

2 They will help you live a long and prosperous life.

3 Let love and loyalty always show like a necklace, and write them in your mind.

4 God and people will like you and consider you a success.

5 With all your heart you must trust the LORD and not your own judgment.

6 Always let him lead you, and he will clear the road for you to follow.

7 Don't ever think that you are wise enough, but respect the LORD and stay away from evil.

8 This will make you healthy, and you will feel strong.

9 Honor the LORD by giving him your money and the first part of all your crops.

10 Then you will have more grain and grapes than you will ever need.

11 My child, don't turn away or become bitter when the LORD corrects you.

12 The LORD corrects everyone he loves, just as parents correct their favorite child.

The Value of Wisdom

13 God blesses everyone who has wisdom and common sense.

14 Wisdom is worth more than silver; it makes you much richer than gold.

15 Wisdom is more valuable than precious jewels; nothing you want compares with her.

第 3 章

给年轻人的忠告

1 年轻人哪，不要忘了我的教导，
要时时记住我给你的指示。

2 我的教导会使你四季平安，延年益寿。

3 你不可离弃忠诚信实，
要把它们系在脖子上，写在心坎里。

4 你这样做，上帝和人都会喜欢你。

5 要专心信赖上主，
不可倚靠自己的聪明。

6 无论做什么事，都要以上主的旨意为依
归，他就会指示你走正路。

7 不要自作聪明，只要敬畏上主，
拒绝作恶。

8 这样做，等于得到良药，能够医治你的
创伤，止住你的疼痛。

9 你要用田地的最好产品献给上主，
表示对他的尊崇。

10 你这样做，你的仓库就会充满谷物，
新酒盈溢，储藏不下。

11 年轻人哪，不可轻视上主的管教，
不可忽略他的警戒。

12 上主管教他所爱的人，
正像父亲管教他的娇儿。

13 寻求智慧的人有福了；
找到悟性的人有福了。

14 智慧比银子更有益处，
比精金更有价值。

15 智慧远胜过珠宝；
你所爱慕的没有一件可以跟她相比。

16 그의 오른손에는 장수가 있고 그의
   왼손에는 부귀가 있나니

17 그 길은 즐거운 길이요 그의 지름길은 다
   평강이니라

18 지혜는 그 얻은 자에게 생명 나무라 지혜를
   가진 자는 복되도다

19 여호와께서는 지혜로 땅에 터를 놓으셨으며
   명철로 하늘을 견고히 세우셨고

20 그의 지식으로 깊은 바다를 갈라지게
   하셨으며 공중에서 이슬이 내리게
   하셨느니라

21 내 아들아 완전한 지혜와 근신을 지키고
   이것들이 네 눈 앞에서 떠나지 말게 하라

22 그리하면 그것이 네 영혼의 생명이 되며 네
   목에 장식이 되리니

23 네가 네 길을 평안히 행하겠고 네 발이
   거치지 아니하겠으며

24 네가 누울 때에 두려워하지 아니하겠고
   네가 누운즉 네 잠이 달리로다

25 너는 갑작스러운 두려움도 악인에게 닥치는
   멸망도 두려워하지 말라

26 대저 여호와는 네가 의지할 이시니라
   네 발을 지켜 걸리지 않게 하시리라

27 네 손이 선을 베풀 힘이 있거든 마땅히 받을
   자에게 베풀기를 아끼지 말며

28 네게 있거든 이웃에게 이르기를 갔다가
   다시 오라 내일 주겠노라 하지 말며

29 네 이웃이 네 곁에서 평안히 살거든 그를
   해하려고 꾀하지 말며

30 사람이 네게 악을 행하지 아니하였거든
   까닭 없이 더불어 다투지 말며

16 右の手には長寿を／左の手には富と名誉
   を持っている。

17 彼女の道は喜ばしく／平和のうちにたど
   って行くことができる。

18 彼女をとらえる人には、命の木となり／
   保つ人は幸いを得る。

19 主の知恵によって地の基は据えられ／主
   の英知によって天は設けられた。

20 主の知識によって深淵は分かたれ／雲は
   滴って露を置く。

父の諭し (四)

21 わが子よ、力と慎重さを保って／見失う
   ことのないようにせよ。

22 そうすれば、あなたは魂に命を得／首に
   は優雅な飾りを得るであろう。

23 あなたは確かな道を行き／足はつまずく
   ことがない。

24 横たわるとき、恐れることはなく／横た
   われば、快い眠りが訪れる。

25 突然襲う恐怖、神に逆らう者を見舞う破
   滅に／おびえてはならない。

26 主があなたの傍らにいまし／足が罠にか
   からないように守ってくださる。

27 施すべき相手に善行を拒むな／あなたの
   手にその力があるなら。

28 出直してくれ、明日あげよう、と友に言
   うな／あなたが今持っているなら。

29 友に対して悪意を耕すな／彼は安心して
   あなたのもとに住んでいるのだ。

30 理由もなく他人と争うな／あなたに悪事
   をはたらいていないなら。

<table>
<tr><td>

16 In her right hand Wisdom
holds a long life, and in her left
hand are wealth and honor.

17 Wisdom makes life pleasant
and leads us safely along.

18 Wisdom is a life-giving tree, the source
of happiness for all who hold on to her.

19 By his wisdom and knowledge the
LORD created heaven and earth.

20 By his understanding he let the ocean
break loose and clouds release the rain.

21 My child, use common sense
and sound judgment! Always
keep them in mind.

22 They will help you to live a
long and beautiful life.

23 You will walk safely and
never stumble;

24 you will rest without a worry
and sleep soundly.

25 So don't be afraid of sudden disasters
or storms that strike those who are evil.

26 You can be sure that the LORD
will protect you from harm.

27 Do all you can for everyone
who deserves your help.

28 Don't tell your neighbor to come back
tomorrow, if you can help today.

29 Don't try to be mean to
neighbors who trust you.

30 Don't argue just to be arguing,
when you haven't been hurt.

</td><td>

16 智慧使你长寿，也使你富贵荣华。

17 智慧使你过愉快的生活，
领你走平安的道路。

18 聪明人有福了，智慧要给他生命。

19 上主以智慧创造世界；
他以聪明安设天空。

20 他的知识使江河涌流；
他使密云降下甘霖。

21 年轻人哪，要持守你的智慧和见识，
不要让它们溜走。

22 它们会使你过愉快、欢悦的生活。

23 你会走在平坦的路上，不至于跌倒。

24 你会安然躺下，一觉睡到天亮，
用不着害怕。

25 你不用担心灾难突然到来，
像风暴临到作恶的人那样。

26 上主要保守你安全；
他绝不使你掉进罗网。

27 要尽你的力量，向需要帮助的人行善。

28 你现在有力量帮助邻人，
就不要叫他等到明天。

29 不可谋害邻人，
他相信你才作你的邻居。

30 人家没有伤害你，不可无故跟他争吵。

</td></tr>
</table>

31 포학한 자를 부러워하지 말며 그의 어떤
행위도 따르지 말라

32 대저 패역한 자는 여호와께서 미워하시나
정직한 자에게는 그의 교통하심이 있으며

33 악인의 집에는 여호와의 저주가 있거니와
의인의 집에는 복이 있느니라

34 진실로 그는 거만한 자를 비웃으시며
겸손한 자에게 은혜를 베푸시나니

35 지혜로운 자는 영광을 기업으로 받거니와
미련한 자의 영달함은 수치가 되느니라

31 不法を行う者をうらやむな、その道を選
ぶな。

32 主は曲がった者をいとい／まっすぐな人
と交わってくださる。

33 主に逆らう者の家には主の呪いが／主に
従う人の住みかには祝福がある。

34 主は不遜な者を嘲り／へりくだる人に恵
みを賜る。

35 知恵ある人は名誉を嗣業として受け／愚
か者は軽蔑を受ける。

31 Don't be jealous of cruel people
or follow their example.

32 The LORD doesn't like anyone
who is dishonest, but he lets
good people be his friends.

33 He places a curse on the home of
everyone who is evil, but he blesses
the home of every good person.

34 The LORD sneers at those who
sneer at him, but he is kind to
everyone who is humble.

35 You will be praised if you are
wise, but you will be disgraced
if you are a stubborn fool.

31 不可羡慕强暴的人，
也不要跟他们有同样的行为；

32 因为上主厌恶作恶的人，
亲近正直的人。

33 上主诅咒邪恶人的家，
赐福给正直人的家。

34 他轻看狂傲的人，恩待谦卑的人。

35 聪明人要获得荣誉；
愚蠢人却招来更多耻辱。

제 4 장

지혜와 명철을 얻으라

1 아들들아 아비의 훈계를 들으며 명철을 얻기에 주의하라

2 내가 선한 도리를 너희에게 전하노니 내 법을 떠나지 말라

3 나도 내 아버지에게 아들이었으며 내 어머니 보기에 유약한 외아들이었노라

4 아버지가 내게 가르쳐 이르기를 내 말을 네 마음에 두라 내 명령을 지키라 그리하면 살리라

5 지혜를 얻으며 명철을 얻으라 내 입의 말을 잊지 말며 어기지 말라

6 지혜를 버리지 말라 그가 너를 보호하리라 그를 사랑하라 그가 너를 지키리라

7 지혜가 제일이니 지혜를 얻으라 네가 얻은 모든 것을 가지고 명철을 얻을지니라

8 그를 높이라 그리하면 그가 너를 높이 들리라 만일 그를 품으면 그가 너를 영화롭게 하리라

9 그가 아름다운 관을 네 머리에 두겠고 영화로운 면류관을 네게 주리라 하셨느니라

10 내 아들아 들으라 내 말을 받으라 그리하면 네 생명의 해가 길리라

11 내가 지혜로운 길을 네게 가르쳤으며 정직한 길로 너를 인도하였은즉

12 다닐 때에 네 걸음이 곤고하지 아니하겠고 달려갈 때에 실족하지 아니하리라

13 훈계를 굳게 잡아 놓치지 말고 지키라 이것이 네 생명이니라

14 사악한 자의 길에 들어가지 말며 악인의 길로 다니지 말지어다

15 그의 길을 피하고 지나가지 말며 돌이켜 떠나갈지어다

第4章

父の諭し (五)

1 子らよ、父の諭しを聞け／分別をわきまえるために、耳を傾けよ。

2 わたしは幸いを説いているのだ。／わたしの教えを捨ててはならない。

3 わたしも父にとっては息子であり／母のもとでは、いとけない独り子であった。

4 父はわたしに教えて言った。／「わたしの言葉をお前の心に保ち／わたしの戒めを守って、命を得よ。

5 わたしの口が言いきかせることを／忘れるな、離れ去るな。／知恵を獲得せよ、分別を獲得せよ。

6 知恵を捨てるな／彼女はあなたを見守ってくれる。／分別を愛せよ／彼女はあなたを守ってくれる。

7 知恵の初めとして／知恵を獲得せよ。／これまでに得たものすべてに代えても／分別を獲得せよ。

8 知恵をふところに抱け／彼女はあなたを高めてくれる。／分別を抱きしめよ／彼女はあなたに名誉を与えてくれる。

9 あなたの頭に優雅な冠を戴かせ／栄冠となってあなたを飾る。」

10 わが子よ、聞け、わたしの言うことを受け入れよ。／そうすれば、命の年月は増す。

11 わたしはあなたに知恵の道を教え／まっすぐな道にあなたを導いた。

12 歩いても、あなたの足取りはたじろがず／走っても、つまずくことはないであろう。

13 諭しをとらえて放してはならない。／それを守れ、それはあなたの命だ。

14 神に逆らう者の道を歩くな。／悪事をはたらく者の道を進むな。

15 それを避けよ、その道を通るな。／そこからそれて、通り過ぎよ。

<table>
<tr><td>

Chapter 4

Advice to Young People

1 My child, listen closely to my teachings and learn common sense.

2 My advice is useful, so don't turn away.

3 When I was still very young and my mother's favorite child, my father

4 said to me: "If you follow my teachings and keep them in mind, you will live.

5 Be wise and learn good sense; remember my teachings and do what I say.

6 If you love Wisdom and don't reject her, she will watch over you.

7 The best thing about Wisdom is Wisdom herself; good sense is more important than anything else.

8 If you value Wisdom and hold tightly to her, great honors will be yours.

9 It will be like wearing a glorious crown of beautiful flowers.

The Right Way and the Wrong Way

10 My child, if you listen and obey my teachings, you will live a long time.

11 I have shown you the way that makes sense; I have guided you along the right path.

12 Your road won't be blocked, and you won't stumble when you run.

13 Hold firmly to my teaching and never let go. It will mean life for you.

14 Don't follow the bad example of cruel and evil people.

15 Turn aside and keep going. Stay away from them.

</td><td>

第 4 章

智慧的益处

1 年轻人哪，要听从你父亲的教诲；
你专心领受，就会明白。

2 我对你的教导都是好的，你都要记住。

3 当我还是一个小孩子，
是我父母疼爱的独子，

4 我父亲就教导我说：「要记住我的话，
不可忘掉。遵守我的训诫，你就有丰富
的生命。

5 要寻求智慧和见识；
不可忘记或忽略我的话。

6 不要离弃智慧，她就会卫护你；
你喜爱她，她就会保守你。

7 追求智慧是最切要的事，
要用你所有的一切换取见识。

8 喜爱智慧，智慧就会使你成功；
珍惜智慧，智慧就会使你尊荣。

9 智慧将是你头上光荣的华冠。」

10 年轻人哪，听我说，你若谨守我的话，
就会延年益寿。

11 我已经把智慧的道路教导你，
带领你走上人生正确的途径。

12 你如果明智地遵守，
行走的时候就不至于跌倒。

13 要牢牢记住你所学习的；
你受的教育等于你的生命。

14 坏人走的路，你不要走；
邪恶者的榜样，你不要学。

15 要躲避邪恶，不要跟从；
只管走你的路，拒绝同流合污。

</td></tr>
</table>

16 그들은 악을 행하지 못하면 자지 못하며
사람을 넘어뜨리지 못하면 잠이 오지
아니하며

17 불의의 떡을 먹으며 강포의 술을
마심이니라

18 의인의 길은 돋는 햇살 같아서 크게 빛나
한낮의 광명에 이르거니와

19 악인의 길은 어둠 같아서 그가 걸려
넘어져도 그것이 무엇인지 깨닫지
못하느니라

20 내 아들아 내 말에 주의하며 내가 말하는
것에 네 귀를 기울이라

21 그것을 네 눈에서 떠나게 하지 말며 네 마음
속에 지키라

22 그것은 얻는 자에게 생명이 되며 그의 온
육체의 건강이 됨이니라

23 모든 지킬 만한 것 중에 더욱 네 마음을
지키라 생명의 근원이 이에서 남이니라

24 구부러진 말을 네 입에서 버리며 비뚤어진
말을 네 입술에서 멀리 하라

25 네 눈은 바로 보며 네 눈꺼풀은 네 앞을 곧게
살펴

26 네 발이 행할 길을 ¹⁾평탄하게 하며 네 모든
길을 든든히 하라

27 좌로나 우로나 치우치지 말고 네 발을
악에서 떠나게 하라

16 彼らは悪事をはたらかずには床に就かず
／他人をつまずかせなければ熟睡できな
い。

17 背信のパンを食べ、不法の酒を飲む。

18 神に従う人の道は輝き出る光／進むほど
に光は増し、真昼の輝きとなる。

19 神に逆らう者の道は闇に閉ざされ／何に
つまずいても、知ることはない。

20 わが子よ、わたしの言葉に耳を傾けよ。
／わたしの言うことに耳を向けよ。

21 見失うことなく、心に納めて守れ。

22 それらに到達する者にとって、それは命
となり／全身を健康にする。

23 何を守るよりも、自分の心を守れ。／そ
こに命の源がある。

24 曲がった言葉をあなたの口から退け／ひ
ねくれた言葉を唇から遠ざけよ。

25 目をまっすぐ前に注げ。／あなたに対し
ているものに／まなざしを正しく向け
よ。

26 どう足を進めるかをよく計るなら／あな
たの道は常に確かなものとなろう。

27 右にも左にも偏ってはならない。／悪か
ら足を避けよ。

---

1) 헤아리며

16 They can't sleep or rest until they do wrong or harm some innocent victim.

17 Their food and drink are violence and cruelty.

18 The lifestyle of good people is like sunlight at dawn that keeps getting brighter until broad daylight.

19 The lifestyle of the wicked is like total darkness, and they will never know what makes them stumble.

20 My child, listen carefully to everything I say.

21 Don't forget a single word, but think about it all.

22 Knowing these teachings will mean true life and good health for you.

23 Carefully guard your thoughts because they are the source of true life.

24 Never tell lies or be deceitful in what you say.

25 Keep looking straight ahead, without turning aside.

26 Know where you are headed, and you will stay on solid ground.

27 Don't make a mistake by turning to the right or the left.

16 坏人不做些坏事便睡不着觉；
不害人便不能成眠。

17 邪恶是他们的粮，残暴是他们的酒。

18 义人的道路像黎明的曙光，
越照越明亮，直到白昼到来。

19 坏人的道路犹如沉沉的黑夜；他们跌倒了，还不知道是什么把他们绊倒了。

20 年轻人哪，要留心我的话，
听从我的教训。

21 不要让它们溜走，要记住它们，
铭刻于心。

22 因为得到它们，就是得着生命，
得着健康。

23 所思所想要谨慎，因为生命是由思想定型的。

24 不诚实的话一句也不说；
撒谎的话一句也不讲。

25 要以诚信的态度正视前面，
不要垂头丧气。

26 对所计划的事要有把握，
你所做的就不至于差错。

27 要排除邪恶，朝着前面直走，
不要离开正路一步。

제 5 장

사지와 스올로 가지 말라

1 내 아들아 내 지혜에 주의하며 내 명철에 네 귀를 기울여서

2 근신을 지키며 네 입술로 지식을 지키도록 하라

3 대저 음녀의 입술은 꿀을 떨어뜨리며 그의 입은 기름보다 미끄러우나

4 나중은 쑥 같이 쓰고 두 날 가진 칼 같이 날카로우며

5 그의 발은 사지로 내려가며 그의 걸음은 스올로 나아가나니

6 그는 생명의 평탄한 길을 찾지 못하며 자기 길이 든든하지 못하여도 그것을 깨닫지 못하느니라

7 그런즉 아들들아 나에게 들으며 내 입의 말을 버리지 말고

8 네 길을 그에게서 멀리 하라 그의 집 문에도 가까이 가지 말라

9 두렵건대 네 존영이 남에게 잃어버리게 되며 네 수한이 잔인한 자에게 빼앗기게 될까 하노라

10 두렵건대 타인이 네 재물로 충족하게 되며 네 수고한 것이 외인의 집에 있게 될까 하노라

11 두렵건대 마지막에 이르러 네 몸, 네 육체가 쇠약할 때에 네가 한탄하여

12 말하기를 내가 어찌하여 훈계를 싫어하며 내 마음이 꾸지람을 가벼이 여기고

13 내 선생의 목소리를 청종하지 아니하며 나를 가르치는 이에게 귀를 기울이지 아니하였던고

14 많은 무리들이 모인 중에서 큰 악에 빠지게 되었노라 하게 될까 염려하노라

15 너는 네 우물에서 물을 마시며 네 샘에서 흐르는 물을 마시라

第5章

父の諭し (六)

1 わが子よ、わたしの知恵に耳を傾け／わたしの英知に耳を向けよ。

2 そうすれば、あなたは唇に慎みを守り／知識を保つことができる。

3 よその女の唇は蜜を滴らせ／その口は油よりも滑らかだ。

4 だがやがて、苦よもぎよりも苦くなり／両刃の剣のように鋭くなる。

5 彼女の足は死へ下って行き／一歩一歩と、陰府に達する。

6 人生の道のりを計ろうともせず／自分の道から外れても、知ることもない。

7 それゆえ、子らよ、わたしに聞き従え。／わたしの口の言葉からそれてはならない。

8 あなたの道を彼女から遠ざけよ。／その門口に近寄るな。

9 あなたの栄えを他人に／長寿を残酷なものに渡してはならない。

10 よその者があなたの力に飽き足りることを許すな。／異邦人の家を／あなたが労した実りで満たしてはならない。

11 さもなければ後になって／肉も筋も消耗し、あなたは呻き

12 言わなければならない。／「どうして、わたしの心は諭しを憎み／懲らしめをないがしろにしたのだろうか。

13 教えてくれる人の声に聞き従わず／導いてくれる人の声に耳を向けなかった。

14 会衆の中でも、共同体の中でも／わたしは最悪の者になりそうだ。」

15 あなた自身の井戸から水を汲み／あなた自身の泉から湧く水を飲め。

Chapter 5

Be Faithful to Your Wife

1　My son, if you listen closely to
　my wisdom and good sense,

2　you will have sound judgment,
　and you will always know
　the right thing to say.

3　The words of an immoral woman
　may be as sweet as honey and
　as smooth as olive oil.

4　But all that you really get from being
　with her is bitter poison and pain.

5　If you follow her, she will lead you
　down to the world of the dead.

6　She has missed the path that leads
　to life and doesn't even know it.

7　My son, listen to me and
　do everything I say.

8　Stay away from a bad woman! Don't
　even go near the door of her house.

9　You will lose your self-respect
　and end up in debt to some cruel
　person for the rest of your life.

10　Strangers will get your money and
　everything else you have worked for.

11　When it's all over, your body
　will waste away, as you groan

12　and shout, "I hated advice
　and correction!

13　I paid no attention to my teachers,

14　and now I am disgraced
　in front of everyone."

15　You should be faithful to your
　wife, just as you take water
　from your own well.[e]

第 5 章

戒避淫乱

1　年轻人哪，要重视我的智慧，
　倾听我明达的话。

2　这样，你就晓得怎样谨慎行事，
　你的言语就会显出智慧。

3　别人妻子的嘴唇也许像蜂蜜一样甜，
　她的亲吻像橄榄油一样柔滑；

4　但是欢乐以后所留给你的，只是悲哀，
　只有痛苦。

5　她要把你带到死亡的境地；
　她走的路导向阴间；

6　她不走生命的坦途；
　她的脚步走入邪径还不知道。

7　年轻人哪，要留心听我的话，
　不可忘记。

8　要远避这样的女人；
　连她家的门口也不可近！

9　否则，你会把自己的荣誉奉送给别人，
　在青春少年时死在无赖的手中。

10　是的，陌生人要夺取你的财富，
　而你劳碌得来的将尽归别人。

11　你临终的时候会呻吟不已，
　你的皮肉消耗殆尽。

12　你会悲叹地说：「为什么我不听教导？
　为什么我不让别人纠正过错？

13　我不听师长的话，不尊重他们的训诲。

14　我突然在公众场所遭受羞辱。」

15　你要对自己的妻子忠实，专心爱她。

---

e) own well: In biblical times water was scarce
and wells were carefully guarded.

16 어찌하여 네 샘물을 집 밖으로 넘치게 하며 네 도랑물을 거리로 흘러가게 하겠느냐

17 그 물이 네게만 있게 하고 타인과 더불어 그것을 나누지 말라

18 네 샘으로 복되게 하라 네가 젊어서 취한 아내를 즐거워하라

19 그는 사랑스러운 암사슴 같고 아름다운 암노루 같으니 너는 그의 품을 항상 족하게 여기며 그의 사랑을 항상 연모하라

20 내 아들아 어찌하여 음녀를 연모하겠으며 어찌하여 이방 계집의 가슴을 안겠느냐

21 대저 사람의 길은 여호와의 눈 앞에 있나니 그가 그 사람의 모든 길을 ¹⁾평탄하게 하시느니라

22 악인은 자기의 악에 걸리며 그 죄의 줄에 매이나니

23 그는 훈계를 받지 아니함으로 말미암아 죽겠고 심히 미련함으로 말미암아 혼미하게 되느니라

16 その源は溢れ出て／広場に幾筋もの流れができるであろう。

17 その水をあなただけのものにせよ。／あなたのもとにいるよその者に渡すな。

18 あなたの水の源は祝福されよ。／若いときからの妻に喜びを抱け。

19 彼女は愛情深い雌鹿、優雅なかもしか。／いつまでもその乳房によって満ち足り／常にその愛に酔うがよい。

20 わが子よ／どうしてよその女に酔うことがあろう／異邦の女の胸を抱くことがあろう。

21 人の歩む道は主の御目の前にある。／その道を主はすべて計っておられる。

22 主に逆らう者は自分の悪の罠にかかり／自分の罪の綱が彼を捕える。

23 諭しを受け入れることもなく／重なる愚行に狂ったまま、死ぬであろう。

1) 헤아리시느니라

16 And don't be like a stream from which just any woman may take a drink.

17 Save yourself for your wife and don't have sex with other women.

18 Be happy with the wife you married when you were young.

19 She is beautiful and graceful, just like a deer; you should be attracted to her and stay deeply in love.

20 Don't go crazy over a woman who is unfaithful to her own husband!

21 The LORD sees everything, and he watches us closely.

22 Sinners are trapped and caught by their own evil deeds.

23 They get lost and die because of their foolishness and lack of self-control.

16 你跟别的女人所生的孩子对你没有好处。

17 会帮助你的是你自己的儿女；
陌生人不会帮助你。

18 所以，你要以自己的妻子为满足，
要跟你所娶的女子同享快乐。

19 她秀丽可爱，像母鹿；她的妩媚使你喜悦，她的爱情使你陶醉。

20 年轻人哪，为什么迷恋别的女人？
为什么倾心于别人的妻子？

21 上主鉴察你一切的作为，
注视你所走的途径。

22 邪恶人的罪像罗网一样；
他自己的罪网住了他。

23 他因为不能自制而丧命；
极端的愚昧使他沦亡。

제 6 장

실제적 교훈

1 내 아들아 네가 만일 이웃을 위하여 담보하며 타인을 위하여 1)보증하였으면

2 네 입의 말로 네가 얽혔으며 네 입의 말로 인하여 잡히게 되었느니라

3 내 아들아 네가 네 이웃의 손에 빠졌은즉 이같이 하라 너는 곧 가서 겸손히 네 이웃에게 간구하여 스스로 구원하되

4 네 눈을 잠들게 하지 말며 눈꺼풀을 감기게 하지 말고

5 노루가 사냥꾼의 손에서 벗어나는 것 같이, 새가 그물 치는 자의 손에서 벗어나는 것 같이 스스로 구원하라

6 게으른 자여 개미에게 가서 그가 하는 것을 보고 지혜를 얻으라

7 개미는 두령도 없고 감독자도 없고 통치자도 없으되

8 먹을 것을 여름 동안에 예비하며 추수 때에 양식을 모으느니라

9 게으른 자여 네가 어느 때까지 누워 있겠느냐 네가 어느 때에 잠이 깨어 일어나겠느냐

10 좀더 자자, 좀더 졸자, 손을 모으고 좀더 누워 있자 하면

11 네 빈궁이 강도 같이 오며 네 곤핍이 군사 같이 이르리라

12 불량하고 악한 자는 구부러진 말을 하고 다니며

13 눈짓을 하며 발로 뜻을 보이며 손가락질을 하며

14 그의 마음에 패역을 품으며 항상 악을 꾀하여 다툼을 일으키는 자라

15 그러므로 그의 재앙이 갑자기 내려 당장에 멸망하여 살릴 길이 없으리라

1) 히, 네 손을 치면

第6章

父の諭し（七）

1 わが子よ、もし友人の保証人となって／他国の者に手を打って誓い

2 あなたの口の言葉によって罠に陥り／あなたの口の言葉によって罠にかかったなら

3 わが子よ、そのときにはこうして自分を救え。／命は友人の手中にあるのだから／行って足を踏みならし、友人を責め立てよ。

4 あなたの目に眠りを与えず／まぶたにまどろむことを許すな。

5 狩人の罠を逃れるかもしかのように／鳥のように、自分を救い出せ。

格言集（一）

6 怠け者よ、蟻のところに行って見よ。／その道を見て、知恵を得よ。

7 蟻には首領もなく、指揮官も支配者もないが

8 夏の間にパンを備え、刈り入れ時に食糧を集める。

9 怠け者よ、いつまで横になっているのか。／いつ、眠りから起き上がるのか。

10 しばらく眠り、しばらくまどろみ／しばらく手をこまぬいて、また横になる。

11 貧乏は盗賊のように／欠乏は盾を持つ者のように襲う。

12 ならず者、悪を行う者、曲がったことを言い歩く者

13 目くばせし、足で合図し、指さす者

14 心に暴言を隠し、悪を耕し／絶えずいさかいを起こさせる者

15 このような者には、突然、災いが襲いかかり／たちまち痛手を負うが、彼を癒す者はない。

Chapter 6

Don't Be Foolish

1 My child, suppose you agree
to pay the debt of someone,
who cannot repay a loan.

2 Then you are trapped by
your own words,

3 and you are now in the power
of someone else. Here is what
you should do: Go and beg for
permission to call off the agreement.

4 Do this before you fall asleep
or even get sleepy.

5 Save yourself, just as a deer or a
bird tries to escape from a hunter.

6 You lazy people can learn
by watching an anthill.

7 Ants don't have leaders,

8 but they store up food
during harvest season.

9 How long will you lie there doing
nothing at all? When are you going
to get up and stop sleeping?

10 Sleep a little. Doze a little. Fold your
hands and twiddle your thumbs.

11 Suddenly, everything is gone,
as though it had been taken
by an armed robber.

12 Worthless liars go around

13 winking and giving signals
to deceive others.

14 They are always thinking up
something cruel and evil,
and they stir up trouble.

15 But they will be struck by sudden
disaster and left without a hope.

第 6 章

再劝诫

1 年轻人哪，你有没有答应替邻人作保？
替陌生人还债？

2 你有没有被自己的话绊住？
被自己的诺言绑住？

3 如果有这样的事，你就落在那人的手
中。那么，要怎样才能摆脱呢？你要赶
快去见那人，要求他解除你的束缚。

4 别让自己睡觉，也不要休息。

5 要像鸟儿挣脱罗网，
像鹿逃出猎人的手。

6 懒惰的人哪，要察看蚂蚁怎样生活，
向它们学习。

7 它们没有领袖，没有官长，
没有统治者，

8 可是它们在夏天储备粮食，准备过冬。

9 懒惰的人哪，你要睡到几时？
你几时才起来呢？

10 你说：「我只要打个盹，睡个觉，
抱着手休息片刻。」

11 可是，当你沉睡的时候，
贫穷要像强盗袭击你，
缺乏要像带武器的匪类攻击你。

12 无赖、邪恶的人到处撒谎。

13 他们挤眉弄眼，手足传情，
无非要欺骗你。

14 他们腐败的心肠时时图谋恶事，
到处制造争端。

15 因此，灾祸要突然临到他们；
他们要遭受致命的伤害。

16 여호와께서 미워하시는 것 곧 그의 마음에 싫어하시는 것이 예닐곱 가지이니

17 곧 교만한 눈과 거짓된 혀와 무죄한 자의 피를 흘리는 손과

18 악한 계교를 꾀하는 마음과 빨리 악으로 달려가는 발과

19 거짓을 말하는 망령된 증인과 및 형제 사이를 이간하는 자이니라

훈계와 명령

20 내 아들아 네 아비의 명령을 지키며 네 어미의 법을 떠나지 말고

21 그것을 항상 네 마음에 새기며 네 목에 매라

22 그것이 네가 다닐 때에 너를 인도하며 네가 잘 때에 너를 보호하며 네가 깰 때에 너와 더불어 말하리니

23 대저 명령은 등불이요 법은 빛이요 훈계의 책망은 곧 생명의 길이라

24 이것이 너를 지켜 악한 여인에게, 이방 여인의 혀로 호리는 말에 빠지지 않게 하리라

25 네 마음에 그의 아름다움을 탐하지 말며 그 눈꺼풀에 홀리지 말라

26 음녀로 말미암아 사람이 한 조각 떡만 남게 됨이며 음란한 여인은 귀한 생명을 사냥함이니라

27 사람이 불을 품에 품고서야 어찌 그의 옷이 타지 아니하겠으며

28 사람이 숯불을 밟고서야 어찌 그의 발이 데지 아니하겠느냐

29 남의 아내와 통간하는 자도 이와 같을 것이라 그를 만지는 자마다 벌을 면하지 못하리라

30 도둑이 만일 주릴 때에 배를 채우려고 도둑질하면 사람이 그를 멸시하지는 아니하려니와

16 主の憎まれるものが六つある。／心から いとわれるものが七つある。

17 驕り高ぶる目、うそをつく舌／罪もない 人の血を流す手

18 悪だくみを耕す心、悪事へと急いで走る 足

19 欺いて発言する者、うそをつく証人／兄 弟の間にいさかいを起こさせる者。

父の諭し（八）

20 わが子よ、父の戒めを守れ。／母の教え をおろそかにするな。

21 それをいつもあなたの心に結びつけ／首 に巻きつけよ。

22 それはあなたの歩みを導き／あなたが横 たわるとき見守り／目覚めればあなたに 話しかける。

23 戒めは灯、教えは光。／懲らしめや諭し は命の道。

24 それはあなたを悪い女から／異邦の女の 滑らかな舌から守ってくれる。

25 彼女の美しさを心に慕うな。／そのまな ざしのとりこになるな。

26 遊女への支払いは一塊のパン程度だが／ 人妻は貴い命を要求する。

27 火をふところにかきこんで／衣を焼かれ ない者があろうか。

28 炭火の上を歩いて／足にやけどをしない 者があろうか。

29 友人の妻と通じる者も同様。／彼女に触 れれば、罰せられずには済まない。

30 飢えを満たそうとして盗みを働いた者を ／だれも侮りはすまいが

16 There are six or seven kinds of
people the LORD doesn't like:

17 Those who are too proud
or tell lies or murder,

18 those who make evil plans or
are quick to do wrong,

19 those who tell lies in court or
stir up trouble in a family.

20 Obey the teaching of your parents—

21 always keep it in mind
and never forget it.

22 Their teaching will guide you when
you walk, protect you when you sleep,
and talk to you when you are awake.

23 The Law of the Lord is a lamp,
and its teachings shine brightly.
Correction and self-control
will lead you through life.

24 They will protect you from
the flattering words of
someone else's wife.[f]

25 Don't let yourself be attracted
by the charm and lovely eyes
of someone like that.

26 A woman who sells her love can be
bought for as little as the price of a
meal. But making love to another
man's wife will cost you everything.

27 If you carry burning coals,
you burn your clothes;

28 if you step on hot coals,
you burn your feet.

29 And if you go to bed with another
man's wife, you pay the price.

30 We don't put up with thieves,
not even[g] with one who steals
for something to eat.

16-19有七件事是上主所憎恨，是他所不能
容忍的，就是：傲慢的眼睛，撒谎的舌
头，杀害无辜的手，策划阴谋的心，奔
走邪路的腿，编造假证，在朋友间挑拨
是非。

警戒淫乱

20 年轻人哪，要谨守父亲的训诫，
不要忘记母亲的教导。

21 你要把他们的话铭刻在心，
系在脖子上。

22 他们的教训要引导你的旅程；
黑夜保守你，白天陪伴你。

23 他们的训诲是亮光；他们的管教指示人
生的道路，

24 会使你远避荡妇和别人妻子的甜言蜜
语。

25 不要受她们美色的诱惑；
不要被她们的秋波勾引。

26 你能够用一块面包的代价召来娼妓，
但跟有夫之妇通奸要使你丧失一切。

27 你能够怀里藏火而不烧掉自己的衣服
吗？

28 你能够在炭火上走而不灼伤自己的脚
吗？

29 跟别人的妻子睡在一起会有同样的危
险。

30 窃贼因饥饿偷取食物也许情有可原，

---

f) someone else's wife: Or "an evil woman."
g) not even: Or "except."

31 들키면 칠 배를 갚아야 하리니 심지어 자기 집에 있는 것을 다 내주게 되리라

32 여인과 간음하는 자는 무지한 자라 이것을 행하는 자는 자기의 영혼을 망하게 하며

33 상함과 능욕을 받고 부끄러움을 씻을 수 없게 되나니

34 남편이 투기로 분노하여 원수 갚는 날에 용서하지 아니하고

35 어떤 보상도 받지 아니하며 많은 선물을 줄지라도 듣지 아니하리라

31 それでもつかまれば、七倍の償いをし／家財の一切をそれにあてなければならない。

32 人妻と密通する者は意志力のない男。／身の破滅を求める者。

33 疫病と軽蔑に遭い、恥は決してそそがれない。

34 夫は嫉妬と怒りにかられ／ある日、彼に報復して容赦せず

35 どのような償いをも受け入れず／どれほど贈り物を積んでも受け取りはすまい。

31 And thieves who get caught must pay back seven times what was stolen and lose everything.

32 But if you go to bed with another man's wife, you will destroy yourself by your own stupidity.

33 You will be beaten and forever disgraced,

34 because a jealous husband can be furious and merciless when he takes revenge.

35 He won't let you pay him off, no matter what you offer.

31 但如果被抓到，就得七倍偿还，
把自己所有的都赔出来。

32 跟人通奸的人更是愚不可及，
他等于在毁灭自己。

33 他一定被羞辱、殴打，
蒙上无法除掉的羞耻。

34 一个为妒火激怒的丈夫，
在报复的时候绝不留情。

35 他不接受赔偿；
再多的礼物也无法熄灭他的怒火。

제 7 장

음녀의 길로 치우치지 말라

1 내 아들아 내 말을 지키며 내 계명을 간직하라

2 내 계명을 지켜 살며 내 법을 네 눈동자처럼 지키라

3 이것을 네 손가락에 매며 이것을 네 마음판에 새기라

4 지혜에게 너는 내 누이라 하며 명철에게 너는 내 친족이라 하라

5 그리하면 이것이 너를 지켜서 음녀에게, 말로 호리는 이방 여인에게 빠지지 않게 하리라

6 내가 내 집 들창으로, 살창으로 내다 보다가

7 어리석은 자 중에, 젊은이 가운데에 한 지혜 없는 자를 보았노라

8 그가 거리를 지나 음녀의 골목 모퉁이로 가까이 하여 그의 집쪽으로 가는데

9 저물 때, 황혼 때, 깊은 밤 흑암 중에라

10 그 때에 기생의 옷을 입은 간교한 여인이 그를 맞으니

11 이 여인은 떠들며 완악하며 그의 발이 집에 머물지 아니하여

12 어떤 때에는 거리, 어떤 때에는 광장 또 모퉁이마다 서서 사람을 기다리는 자라

13 그 여인이 그를 붙잡고 그에게 입맞추며 부끄러움을 모르는 얼굴로 그에게 말하되

14 내가 화목제를 드려 서원한 것을 오늘 갚았노라

15 이러므로 내가 너를 맞으려고 나와 네 얼굴을 찾다가 너를 만났도다

第7章

父の諭し (九)

1 わが子よ、わたしの言うことを守り／戒めを心に納めよ。

2 戒めを守って、命を得よ。／わたしの教えを瞳のように守れ。

3 それをあなたの指に結び、心の中の板に書き記せ。

4 知恵に「あなたはわたしの姉妹」と言い／分別に「わたしの友」と呼びかけよ。

5 それはあなたをよその女から／滑らかに話す異邦の女から守ってくれる。

6 わたしが家の窓から／格子を通して外を眺めていると

7 浅はかな者らが見えたが、中に一人／意志の弱そうな若者がいるのに気づいた。

8 通りを過ぎ、女の家の角に来ると／そちらに向かって歩いて行った。

9 日暮れ時の薄闇の中を、夜半の闇に向かって。

10 見よ、女が彼を迎える。／遊女になりきった、本心を見せない女。

11 騒々しく、わがままで／自分の家に足の落ち着くことがない。

12 街に出たり、広場に行ったり／あちこちの角で待ち構えている。

13 彼女は若者をつかまえると接吻し／厚かましくも、こう言った。

14 「和解の献げ物をする義務があったのですが／今日は満願の供え物も済ませました。

15 それで、お迎えに出たのです。／あなたのお顔を捜し求めて、やっと会えました。

Chapter 7

The Foolishness of Unfaithfulness

1 My son, pay close attention and
don't forget what I tell you to do.

2 Obey me, and you will live! Let my
instructions be your greatest treasure.

3 Keep them at your fingertips
and write them in your mind.

4 Let wisdom be your sister and make
common sense your closest friend.

5 They will protect you from the
flattering words of someone else's wife.

6 From the window of my house,
I once happened to see

7 some foolish young men.

8 It was late in the evening,
sometime after dark.

9 One of these young men turned
the corner and was walking by
the house of an unfaithful wife.

10 She was dressed fancy like a woman of
the street with only one thing in mind.

11 She was one of those women
who are loud and restless
and never stay at home,

12 who walk street after street,
waiting to trap a man.

13 She grabbed him and kissed him, and
with no sense of shame, she said:

14 "I had to offer a sacrifice, and there
is enough meat left over for a feast.

15 So I came looking for you,
and here you are!

第 7 章

1 年轻人哪，要记住我的话，
不可忘记我给你的训诫。

2 遵守我的训诫，你就会生存。要小心跟
从我的训导，像保护自己的眼睛一样。

3 要时时谨守我的教诲，铭刻在心中。

4 把智慧当作你的姊妹，
把见识当作你最亲密的朋友。

5 她们要使你远离别人的妻子，
躲避甜言蜜语的荡妇。

淫荡的女人

6 有一次，我从屋里的窗口望出去，

7 看见好些无知的年轻人；
我特别注意到其中的一个傻瓜。

8 他沿着街道走向一个淫荡女人居住的地
方，

9 晚上天黑以后走过她家门口；

10 那女人出来迎接他，
打扮像一个妓女，心里转着念头。

11 她向来放荡无耻，常在街上招摇，

12 这里站站，那里走走，
有时候在街道上，有时候在闹市里。

13 她拥抱那年轻人，跟他亲吻，
嬉皮笑脸地说：

14 「今天我还愿献祭，家里留着祭肉，

15 所以我出来找你。我要找你，
你果然在这里！

16 내 침상에는 요와 애굽의 무늬 있는 이불을 폈고

17 몰약과 침향과 계피를 뿌렸노라

18 오라 우리가 아침까지 흡족하게 서로 사랑하며 사랑함으로 희락하자

19 남편은 집을 떠나 먼 길을 갔는데

20 은 주머니를 가졌은즉 보름 날에나 집에 돌아오리라 하여

21 여러 가지 고운 말로 유혹하며 입술의 호리는 말로 꾀므로

22 젊은이가 곧 그를 따랐으니 소가 도수장으로 가는 것 같고 미련한 자가 벌을 받으려고 쇠사슬에 매이러 가는 것과 같도다

23 필경은 화살이 그 간을 뚫게 되리라 새가 빨리 그물로 들어가되 그의 생명을 잃어버릴 줄을 알지 못함과 같으니라

24 이제 아들들아 내 말을 듣고 내 입의 말에 주의하라

25 네 마음이 음녀의 길로 치우치지 말며 그 길에 미혹되지 말지어다

26 대저 그가 많은 사람을 상하여 엎드러지게 하였나니 그에게 죽은 자가 허다하니라

27 그의 집은 스올의 길이라 사망의 방으로 내려가느니라

16 寝床には敷物を敷きました／エジプトの色糸で織った布を。

17 床にはミルラの香りをまきました／アロエやシナモンも。

18 さあ、愛し合って楽しみ／朝まで愛を交わして満ち足りましょう。

19 夫は家にいないのです、遠くへ旅立ちました。

20 手に銀貨の袋を持って行きましたから／満月になるまでは帰らないでしょう。」

21 彼女に説き伏せられ、滑らかな唇に惑わされて

22 たちまち、彼は女に従った。／まるで、屠り場に行く雄牛だ。／足に輪をつけられ、無知な者への教訓となって。

23 やがて、矢が肝臓を貫くであろう。／彼は罠にかかる鳥よりもたやすく／自分の欲望の罠にかかったことを知らない。

24 それゆえ、子らよ、わたしに聞き従い／わたしの口の言葉に耳を傾けよ。

25 あなたの心を彼女への道に通わすな。／彼女の道に迷い込むな。

26 彼女は数多くの男を傷つけ倒し／殺された男の数はおびただしい。

27 彼女の家は陰府への道、死の部屋へ下る。

16 The sheets on my bed are bright-colored cloth from Egypt.

17 And I have covered it with perfume made of myrrh, aloes, and cinnamon.

18 "Let's go there and make love all night.

19 My husband is traveling, and he's far away.

20 He took a lot of money along, and he won't be back home before the middle of the month."

21 And so, she tricked him with all of her sweet talk and her flattery.

22 Right away he followed her like an ox on the way to be slaughtered, or like a fool on the way to be punished[h]

23 and killed with arrows. He was no more than a bird rushing into a trap, without knowing it would cost him his life.

24 My son, pay close attention to what I have said.

25 Don't even think about that kind of woman or let yourself be misled by someone like her.

26 Such a woman has caused the downfall and destruction of a lot of men.

27 Her house is a one-way street leading straight down to the world of the dead.

16 我已经用埃及的彩色床单铺好了床，

17 用没药、沉香、桂皮薰了床褥。

18 来吧，让我们通宵狂欢，拥抱取乐。

19 我丈夫不在家，出外长途旅行。

20 他随身带了一大笔钱，
两星期内不会回家。」

21 女人用她的媚态引诱他，
用花言巧语迷住了他。

22 年轻人立刻跟她走，像牛被牵去屠宰，
像鹿跌进陷阱，

23 被射穿了心窝；像鸟儿飞入罗网，
竟不晓得生命在危险中。

24 年轻人哪，现在听我说吧；
留心听我的话。

25 不要让这样的女人迷住你们的心；
不要迷迷糊糊地跟着她去。

26 她已经毁掉了许多人，
造成了无数人的死亡。

27 你往她家里去，就是走向阴间，
走向通往死亡的捷径。

h) a fool. . . punished: One possible meaning for the difficult Hebrew text.

제 8 장

지혜와 명철 찬양

1 지혜가 부르지 아니하느냐 명철이 소리를 높이지 아니하느냐

2 그가 길 가의 높은 곳과 네거리에 서며

3 성문 곁과 문 어귀와 여러 출입하는 문에서 불러 이르되

4 사람들아 내가 너희를 부르며 내가 인자들에게 소리를 높이노라

5 어리석은 자들아 너희는 명철할지니라 미련한 자들아 너희는 마음이 밝을지니라

6 너희는 들을지어다 내가 가장 선한 것을 말하리라 내 입술을 열어 정직을 내리라

7 내 입은 진리를 말하며 내 입술은 악을 미워하느니라

8 내 입의 말은 다 의로운즉 그 가운데에 굽은 것과 패역한 것이 없나니

9 이는 다 총명 있는 자가 밝히 아는 바요 지식 얻은 자가 정직하게 여기는 바니라

10 너희가 은을 받지 말고 나의 훈계를 받으며 정금보다 지식을 얻으라

11 대저 지혜는 진주보다 나으므로 원하는 모든 것을 이에 비교할 수 없음이니라

12 나 지혜는 명철로 주소를 삼으며 지식과 근신을 찾아 얻나니

13 여호와를 경외하는 것은 악을 미워하는 것이라 나는 교만과 거만과 악한 행실과 패역한 입을 미워하느니라

14 내게는 계략과 참 지식이 있으며 나는 명철이라 내게 능력이 있으므로

15 나로 말미암아 왕들이 치리하며 방백들이 공의를 세우며

第8章

知恵の勧め (三)

1 知恵が呼びかけ／英知が声をあげているではないか。

2 高い所に登り、道のほとり、四つ角に立ち

3 城門の傍ら、町の入り口／城門の通路で呼ばわっている。

4 「人よ／あなたたちに向かってわたしは呼びかける。／人の子らに向かってわたしは声をあげる。

5 浅はかな者は熟慮することを覚え／愚か者は反省することを覚えよ。

6 聞け、わたしは指導者として語る。／わたしは唇を開き、公平について述べ

7 わたしの口はまことを唱える。／わたしの唇は背信を忌むべきこととし

8 わたしの口の言葉はすべて正しく／よこしまなことも曲がったことも含んでいない。

9 理解力のある人には／それがすべて正しいと分かる。／知識に到達した人には／それがすべてまっすぐであると分かる。

10 銀よりもむしろ、わたしの諭しを受け入れ／精選された金よりも、知識を受け入れよ。

11 知恵は真珠にまさり／どのような財宝も比べることはできない。

12 わたしは知恵。熟慮と共に住まい／知識と慎重さを備えている。

13 主を畏れることは、悪を憎むこと。／傲慢、驕り、悪の道／暴言をはく口を、わたしは憎む。

14 わたしは勧告し、成功させる。／わたしは見分ける力であり、威力をもつ。

15 わたしによって王は君臨し／支配者は正しい掟を定める。

<table>
<tr><td>

Chapter 8

In Praise of Wisdom

1 With great understanding,
Wisdom[i] is calling out

2 as she stands at the crossroads
and on every hill.

3 She stands by the city gate
where everyone enters the
city, and she shouts:

4 "I am calling out to each one of you!

5 Good sense and sound
judgment can be yours.

6 Listen, because what I say is
worthwhile and right.

7 I always speak the truth
and refuse to tell a lie.

8 Every word I speak is honest, not
one is misleading or deceptive.

9 "If you have understanding,
you will see that my words
are just what you need.

10 Let instruction and knowledge
mean more to you than
silver or the finest gold.

11 Wisdom is worth much
more than precious jewels or
anything else you desire."

Wisdom Speaks

12 I am Wisdom[i] —Common Sense
is my closest friend; I possess
knowledge and sound judgment.

13 If you respect the LORD, you
will hate evil. I hate pride and
conceit and deceitful lies.

14 I am strong, and I offer sensible
advice and sound judgment.

15 By my power kings govern, and
rulers make laws that are fair.

</td><td>

第 8 章

智慧颂

1 听吧，智慧在呼唤，
悟性在呐喊。

2 她站在路旁的冈上，
站在十字路口。

3 她在城门口，
在城门边，呼喊说：

4 人类呀，我向你们诉说；
我向地上的每一个人呼吁。

5 你们幼稚吗？要学习机智！
你们愚蠢吗？要追求见识！

6 听啊，我的言词美妙；
我的话纯正。

7 我所说的是真理；
我憎恨虚谎。

8 我的话都真实无伪，
没有歪曲，没有乖谬。

9 对有见识的人来说，一切清楚；
对通达的人来说，一切明确。

10 宁愿选择我的训诲，不取白银；
宁愿接受知识，不取精金。

11 我是智慧，我胜过珠宝；
你所追求的没有一件比得上我。

12 我是智慧，我有见识；
我有知识，有健全的判断力。

13 敬畏上主就须恨恶邪恶；
我恨恶骄傲、狂妄，
讨厌邪僻和谎言。

14 我有计划，我有才智。
我明达，我坚强。

15 我辅佐君王统治，
协助统治者秉公行义。

</td></tr>
</table>

i) Wisdom: See the note at 1.20.

16 나로 말미암아 재상과 존귀한 자 곧 모든 의로운 재판관들이 다스리느니라

17 나를 사랑하는 자들이 나의 사랑을 입으며 나를 1)간절히 찾는 자가 나를 만날 것이니라

18 부귀가 내게 있고 장구한 재물과 공의도 그러하니라

19 내 열매는 금이나 정금보다 나으며 내 소득은 순은보다 나으니라

20 나는 정의로운 길로 행하며 공의로운 길 가운데로 다니나니

21 이는 나를 사랑하는 자가 재물을 얻어서 그 곳간에 채우게 하려 함이니라

22 여호와께서 그 조화의 시작 곧 태초에 일하시기 전에 나를 가지셨으며

23 만세 전부터, 태초부터, 땅이 생기기 전부터 내가 세움을 받았나니

24 아직 바다가 생기지 아니하였고 큰 샘들이 있기 전에 내가 이미 났으며

25 산이 세워지기 전에, 언덕이 생기기 전에 내가 이미 났으니

26 하나님이 아직 땅도, 들도, 세상 진토의 근원도 짓지 아니하셨을 때에라

27 그가 하늘을 지으시며 궁창을 해면에 두르실 때에 내가 거기 있었고

28 그가 위로 구름 하늘을 견고하게 하시며 바다의 샘들을 힘 있게 하시며

29 바다의 한계를 정하여 물이 명령을 거스르지 못하게 하시며 또 땅의 기초를 정하실 때에

30 내가 그 곁에 있어서 2)창조자가 되어 날마다 그의 기뻐하신 바가 되었으며 항상 그 앞에서 즐거워하였으며

16 君侯、自由人、正しい裁きを行う人は皆／わたしによって治める。

17 わたしを愛する人をわたしも愛し／わたしを捜し求める人はわたしを見いだす。

18 わたしのもとには富と名誉があり／すぐれた財産と慈善もある。

19 わたしの与える実りは／どのような金、純金にもまさり／わたしのもたらす収穫は／精選された銀にまさる。

20 慈善の道をわたしは歩き／正義の道をわたしは進む。

21 わたしを愛する人は嗣業を得る。／わたしは彼らの倉を満たす。

22 主は、その道の初めにわたしを造られた。／いにしえの御業になお、先立って。

23 永遠の昔、わたしは祝別されていた。／太初、大地に先立って。

24 わたしは生み出されていた／深淵も水のみなぎる源も、まだ存在しないとき。

25 山々の基も据えられてはおらず、丘もなかったが／わたしは生み出されていた。

26 大地も野も、地上の最初の塵も／まだ造られていなかった。

27 わたしはそこにいた／主が天をその位置に備え／深淵の面に輪を描いて境界とされたとき

28 主が上から雲に力をもたせ／深淵の源に勢いを与えられたとき

29 この原始の海に境界を定め／水が岸を越えないようにし／大地の基を定められたとき。

30 御もとにあって、わたしは巧みな者となり／日々、主を楽しませる者となって／絶えず主の御前で楽を奏し

1) 히, 새벽에
2) 장인

16 Every honest leader rules
with help from me.

17 I love everyone who loves
me, and I will be found by
all who honestly search.

18 I can make you rich and famous,
important and successful.

19 What you receive from me is
more valuable than even the
finest gold or the purest silver.

20 I always do what is right,

21 and I give great riches to
everyone who loves me.

22 From the beginning, I was
with the LORD.[j]
I was there before he began

23 to create the earth. At the very
first, the LORD gave life to[k] me.

24 When I was born, there were no
oceans or springs of water.

25 My birth was before mountains were
formed or hills were put in place.

26 It happened long before God
had made the earth or any of
its fields or even the dust.

27 I was there when the LORD put the
heavens in place and stretched the
sky over the surface of the sea.

28 I was with him when he placed
the clouds in the sky and created
the springs that fill the ocean.

29 I was there when he set boundaries
for the sea to make it obey him,
and when he laid foundations
to support the earth.

30 I was right beside the LORD,
helping him plan and build.[l]
I made him happy each day,
and I was happy at his side.

16 地上每一个统治者都倚靠我；
执政者和贵族不能没有我。

17 爱我的，我也爱他；
寻找我的，一定找到。

18 财富荣誉由我施与；
富贵成功都在于我。

19 你从我得的，胜过精金，
胜过最纯净的银子。

20 我在正直道上行；
我在正义的路上走。

21 我把财富赐给爱我的人；
我用财宝充满他的家。

22 在上主造化之先，
在亘古，就有了我。

23 在太初，大地成形之前，
我就被立。

24 在海洋尚未出现，
在有浩瀚的水源之前，我就出生。

25 在大山没有被造，
小山还没有立足，我已经存在。

26 那时，上帝还没有造大地和田野，
连一小撮尘土也还没有。

27 他还没有安设天空，
还没有在海面上划地平线，
我已经在那里。

28 上帝在天空布置云彩，
在海洋开放水源，

29 为海水定界限，
不使它越出范围；
在他为大地奠定根基的时候，
我已经在那里。

30 我在他旁边像一个建筑师[3]，
是他每日的喜乐；
我常常在他面前欢跃：

---

j) From the beginning. . . with the LORD: Or "In
the very beginning, the LORD created me."
k) gave life to: Or "formed."
l) helping. . . build: Or "like his own child."

【3】「建筑师」或译「小孩子」。

31 사람이 거처할 땅에서 즐거워하며 인자들을 기뻐하였느니라

32 아들들아 이제 내게 들으라 내 도를 지키는 자가 복이 있느니라

33 훈계를 들어서 지혜를 얻으라 그것을 버리지 말라

34 누구든지 내게 들으며 날마다 내 문 곁에서 기다리며 문설주 옆에서 기다리는 자는 복이 있나니

35 대저 나를 얻는 자는 생명을 얻고 여호와께 은총을 얻을 것임이니라

36 그러나 3)나를 잃는 자는 자기의 영혼을 해하는 자라 나를 미워하는 자는 사망을 사랑하느니라

31 主の造られたこの地上の人々と共に楽を奏し／人の子らと共に楽しむ。

32 さて、子らよ、わたしに聞き従え。／わたしの道を守る者は、いかに幸いなことか。

33 諭しに聞き従って知恵を得よ。／なおざりにしてはならない。

34 わたしに聞き従う者、日々、わたしの扉をうかがい／戸口の柱を見守る者は、いかに幸いなことか。

35 わたしを見いだす者は命を見いだし／主に喜び迎えていただくことができる。

36 わたしを見失う者は魂をそこなう。／わたしを憎む者は死を愛する者。」

3) 내게 범죄하는 자는

31 I was pleased with his world
and pleased with its people.

32 Pay attention, my children! Follow
my advice, and you will be happy.

33 Listen carefully to my instructions,
and you will be wise.

34 Come to my home each day and listen
to me. You will find happiness.

35 By finding me, you find life, and the
LORD will be pleased with you.

36 But if you don't find me, you hurt
only yourself, and if you hate me,
you are in love with death.

31 喜欢他的世界，
喜爱世上的人。

32 年轻人哪，现在要听我，
照我的话做，你们就有快乐。

33 要听从你们所受的教导，
要明智，不可拒绝。

34 听从我话的人多么有福啊！
他天天守在我门口，
在我家门边等候。

35 找到我，就是找到生命；
他会获得上主的恩惠。

36 没有找到我的人是伤害自己；
恨我的人就是喜爱死亡。

제 9 장

지혜와 어리석음

1 지혜가 그의 집을 짓고 일곱 기둥을 다듬고

2 짐승을 잡으며 포도주를 혼합하여 상을 갖추고

3 자기의 여종을 보내어 성중 높은 곳에서 불러 이르기를

4 어리석은 자는 이리로 돌이키라 또 지혜 없는 자에게 이르기를

5 너는 와서 내 식물을 먹으며 내 혼합한 포도주를 마시고

6 어리석음을 버리고 생명을 얻으라 명철의 길을 행하라 하느니라

7 거만한 자를 징계하는 자는 도리어 능욕을 받고 악인을 책망하는 자는 도리어 흠이 잡히느니라

8 거만한 자를 책망하지 말라 그가 너를 미워할까 두려우니라 지혜 있는 자를 책망하라 그가 너를 사랑하리라

9 지혜 있는 자에게 교훈을 더하라 그가 더욱 지혜로워질 것이요 의로운 사람을 가르치라 그의 학식이 더하리라

10 여호와를 경외하는 것이 지혜의 근본이요 거룩하신 자를 아는 것이 명철이니라

11 나 지혜로 말미암아 네 날이 많아질 것이요 네 생명의 해가 네게 더하리라

12 네가 만일 지혜로우면 그 지혜가 네게 유익할 것이나 네가 만일 거만하면 너 홀로 해를 당하리라

13 미련한 여인이 떠들며 어리석어서 아무것도 알지 못하고

14 자기 집 문에 앉으며 성읍 높은 곳에 있는 자리에 앉아서

第9章

知恵の勧め (四)

1 知恵は家を建て、七本の柱を刻んで立てた。

2 獣を屠り、酒を調合し、食卓を整え

3 はしためを町の高い所に遣わして／呼びかけさせた。

4 「浅はかな者はだれでも立ち寄るがよい。」／意志の弱い者にはこう言った。

5 「わたしのパンを食べ／わたしが調合した酒を飲むがよい

6 浅はかさを捨て、命を得るために／分別の道を進むために。」

格言 集 (二)

7 不遜な者を諭しても侮られるだけだ。／神に逆らう者を戒めても自分が傷を負うだけだ。

8 不遜な者を叱るな、彼はあなたを憎むであろう。／知恵ある人を叱れ、彼はあなたを愛するであろう。

9 知恵ある人に与えれば、彼は知恵を増す。／神に従う人に知恵を与えれば、彼は説得力を増す。

10 主を畏れることは知恵の初め／聖なる方を知ることは分別の初め。

11 わたしによって、あなたの命の日々も／その年月も増す。

12 あなたに知恵があるなら、それはあなたのもの。／不遜であるなら、その咎は独りで負うのだ。

愚かな女

13 愚かさという女がいる。騒々しい女だ。／浅はかさともいう。何ひとつ知らない。

14 自分の家の門口に座り込んだり／町の高い所に席を構えたりして

Chapter 9

Wisdom Gives a Feast

1 Wisdom has built her house
with its seven columns.

2 She has prepared the meat and set
out the wine. Her feast is ready.

3 She has sent her servant women
to announce her invitation
from the highest hills:

4 "Everyone who is ignorant
or foolish is invited!

5 All of you are welcome to
my meat and wine.

6 If you want to live, give up your
foolishness and let understanding
guide your steps."

True Wisdom

7 Correct a worthless bragger, and all
you will get are insults and injuries.

8 Any bragger you correct will only hate
you. But if you correct someone who
has common sense, you will be loved.

9 If you have good sense, instruction
will help you to have even better
sense. And if you live right, education
will help you to know even more.

10 Respect and obey the LORD! This
is the beginning of wisdom.[m]
To have understanding, you must
know the Holy God.

11 I am Wisdom. If you follow me,
you will live a long time.

12 Good sense is good for you, but
if you brag, you hurt yourself.

A Foolish Invitation

13 Stupidity[n] is reckless,
senseless, and foolish.

14 She sits in front of her house and
on the highest hills in the town.

第 9 章

智慧和愚蠢

1 智慧建造她的房屋，立了七根柱子。

2 她开筵席而杀牛宰羊，调制美酒，
摆设餐桌。

3 她差派女仆出去，在城里的最高处呼喊：

4 「无知的人哪，来吧！」又向愚蠢的人
说：

5 「来享受我烧的饭，喝我调制的美酒。

6 要远离无知的人而存活；
要走智慧的路。」

7 你若纠正傲慢人的过错，就是自招凌
辱；想责备邪恶人，无异伤害自己。

8 不要指责傲慢人的错处，因为他会恨
你。你若指教明智的人，他会尊重你。

9 指教明智的人会使他更加明智；
教导正直的人会使他增长学问。

10 敬畏上主是智慧的开端；
认识至圣者就是明智。

11 智慧会使你延年益寿。

12 你有智慧，获益的是你自己；
你拒绝智慧，亏损的也是你自己。

13 愚蠢像一个喧嚷、无知、无耻的女人。

14 她坐在家门口，坐在城里的最高处，

---

m) the beginning of wisdom: Or "what wisdom is all about."
n) Stupidity: Or "A foolish woman."

15 자기 길을 바로 가는 행인들을 불러 이르되

16 어리석은 자는 이리로 돌이키라 또 지혜 없는 자에게 이르기를

17 도둑질한 물이 달고 몰래 먹는 떡이 맛이 있다 하는도다

18 오직 그 어리석은 자는 죽은 자들이 거기 있는 것과 그의 객들이 스올 깊은 곳에 있는 것을 알지 못하느니라

15 道行く人に呼びかける／自分の道をまっすぐ急ぐ人々に。

16 「浅はかな者はだれでも立ち寄るがよい。」／意志の弱い者にはこう言う。

17 「盗んだ水は甘く／隠れて食べるパンはうまいものだ。」

18 そこに死霊がいることを知る者はない。／彼女に招かれた者は深い陰府に落ちる。

15 She shouts to everyone who passes by,

16 "If you are stupid, come on inside!"
And to every fool she says,

17 "Stolen water tastes best, and the food
you eat in secret tastes best of all."

18 None who listen to Stupidity
understand that her guests
are as good as dead.

15 向那些匆忙赶路的人喊叫：

16 「来吧，无知的人！」她向愚蠢的人说：

17 「偷来的水甜些，
偷来的饼更有味道。」

18 受害的人不知道死亡就在她那里，
往她那里去的，已经坠入阴间的深处。

제 10 장

솔로몬의 잠언

1 솔로몬의 잠언이라
지혜로운 아들은 아비를 기쁘게 하거니와
미련한 아들은 어미의 근심이니라

2 불의의 재물은 무익하여도 공의는 죽음에서
건지느니라

3 여호와께서 의인의 영혼은 주리지 않게
하시나 악인의 소욕은 물리치시느니라

4 손을 게으르게 놀리는 자는 가난하게 되고
손이 부지런한 자는 부하게 되느니라

5 여름에 거두는 자는 지혜로운 아들이나
추수 때에 자는 자는 부끄러움을 끼치는
아들이니라

6 의인의 머리에는 복이 임하나 악인의 입은
1)독을 머금었느니라

7 의인을 기념할 때에는 칭찬하거니와 악인의
이름은 썩게 되느니라

8 마음이 지혜로운 자는 계명을 받거니와
입이 미련한 자는 멸망하리라

9 바른 길로 행하는 자는 걸음이
평안하려니와 굽은 길로 행하는 자는
드러나리라

10 눈짓하는 자는 근심을 끼치고 입이 미련한
자는 멸망하느니라

11 의인의 입은 생명의 샘이라도 악인의 입은
1)독을 머금었느니라

12 미움은 다툼을 일으켜도 사랑은 모든
허물을 가리느니라

13 명철한 자의 입술에는 지혜가 있어도 지혜
없는 자의 등을 위하여는 채찍이 있느니라

14 지혜로운 자는 지식을 간직하거니와 미련한
자의 입은 멸망에 가까우니라

15 부자의 재물은 그의 견고한 성이요 가난한
자의 궁핍은 그의 멸망이니라

第10章

1 ソロモンの格言集。／知恵ある子は父の
喜び、愚かな子は母の嘆き。

2 不正による富は頼りにならない。／慈善
は死から救う。

3 主は従う人を飢えさせられることはな
い。／逆らう者の欲望は退けられる。

4 手のひらに欺きがあれば貧乏になる。／
勤勉な人の手は富をもたらす。

5 夏のうちに集めるのは成功をもたらす
子。／刈り入れ時に眠るのは恥をもたら
す子。

6 神に従う人は頭に祝福を受ける。／神に
逆らう者は口に不法を隠す。

7 神に従う人の名は祝福され／神に逆らう
者の名は朽ちる。

8 知恵ある心は戒めを受け入れ／無知な唇
は滅びに落とされる。

9 完全な道を歩む人は安らかに歩む。／道
を曲げれば知られずには済まない。

10 嘲りのまなざしは人を苦しめる。／無知
な唇は滅びに落とされる。

11 神に従う人の口は命の源／神に逆らう者
の口は不法を隠す。

12 憎しみはいさかいを引き起こす。／愛は
すべての罪を覆う。

13 聡明な唇には知恵がある。／意志の弱い
者の背には杖。

14 知恵ある人は知識を隠す。／無知な者の
口には破滅が近い。

15 金持ちの財産は彼の砦／弱い人の貧乏は
破滅。

---

1) 독이 가리워 있느니라

Chapter 10

Solomon's Wise Sayings

1 Here are some proverbs of Solomon:
Children with good sense make
their parents happy, but foolish
children make them sad.

2 What you gain by doing evil won't
help you at all, but being good[o)]
can save you from death.

3 If you obey the LORD, you won't
go hungry; if you are wicked, God
won't let you have what you want.

4 Laziness leads to poverty;
hard work makes you rich.

5 At harvest season it's smart to
work hard, but stupid to sleep.

6 Everyone praises good people, but evil
hides behind the words of the wicked.

7 Good people are remembered
long after they are gone, but the
wicked are soon forgotten.

8 If you have good sense, you will
listen and obey; if all you do is
talk, you will destroy yourself.

9 You will be safe, if you always
do right, but you will get
caught, if you are dishonest.

10 Deceit causes trouble, and foolish
talk will bring you to ruin.[p)]

11 The words of good people are
a source of life, but evil hides
behind the words of the wicked.

12 Hatred stirs up trouble; love overlooks
the wrongs that others do.

13 If you have good sense, it will show
when you speak. But if you are stupid,
you will be beaten with a stick.

14 If you have good sense, you will
learn all you can, but foolish
talk will soon destroy you.

15 Great wealth can be a fortress, but
poverty is no protection at all.

---

o) good: Or "generous."
p) and foolish. . . ruin: One ancient translation "but
  you can help people by correcting them."

第 10 章

所罗门的箴言

1 以下是所罗门的箴言：
明智的儿子使父亲得意；
愚蠢的儿子使母亲忧虑。

2 不义之财对人没有益处；
诚实能救援生命。

3 上主不使正直人饥饿；
他不容作恶的人随心所欲。

4 懒惰使人贫穷；
勤劳使人富足。

5 聪明人按时收聚；
收割时瞌睡是多么可耻。

6 正直人要得到祝福；
邪恶人的话藏匿残暴。

7 正直人要被怀念；
邪恶人身败名裂。

8 聪明人从善如流；
说话愚妄，自招衰败。

9 诚实人起居稳妥；
欺诈的人终会败露。

10 隐藏真相的人惹动纠纷；
坦白规劝的人促进和平【4】。

11 正直人的口是生命的泉源；
邪恶人的话藏匿残暴。

12 憎恨引起争端；
爱能掩盖一切过错。

13 明智人口里有智慧；
愚昧人背上挨鞭打。

14 明智人吸收知识；
愚妄人到处闯祸。

15 财富是有钱人的保障；
贫困毁灭了穷苦人。

【4】「坦白……和平」是根据一古译本，希伯来文重复八节下
  句。

16 의인의 수고는 생명에 이르고 악인의
　　소득은 죄에 이르느니라

17 훈계를 지키는 자는 생명 길로 행하여도
　　징계를 버리는 자는 그릇 가느니라

18 미움을 감추는 자는 거짓된 입술을 가진
　　자요 중상하는 자는 미련한 자이니라

19 말이 많으면 허물을 면하기 어려우나 그
　　입술을 제어하는 자는 지혜가 있느니라

20 의인의 혀는 순은과 같거니와 악인의
　　마음은 가치가 적으니라

21 의인의 입술은 여러 사람을 교육하나
　　미련한 자는 지식이 없어 죽느니라

22 여호와께서 주시는 복은 사람을 부하게
　　2)하고 근심을 겸하여 주지 아니하시느니라

23 미련한 자는 행악으로 낙을 삼는 것 같이
　　명철한 자는 지혜로 낙을 삼느니라

24 악인에게는 그의 두려워하는 것이
　　임하거니와 의인은 그 원하는 것이
　　이루어지느니라

25 회오리바람이 지나가면 악인은 없어져도
　　의인은 영원한 기초 같으니라

26 게으른 자는 그 부리는 사람에게 마치 이에
　　식초 같고 눈에 연기 같으니라

27 여호와를 경외하면 장수하느니라 그러나
　　악인의 수명은 짧아지느니라

28 의인의 소망은 즐거움을 이루어도 악인의
　　소망은 끊어지느니라

29 여호와의 도가 정직한 자에게는 산성이요
　　행악하는 자에게는 멸망이니라

30 의인은 영영히 이동되지 아니하여도 악인은
　　땅에 거하지 못하게 되느니라

16 神に従う人の収入は生活を支えるため／
　　神に逆らう者の稼ぎは罪のため。

17 諭しを守る人は命の道を歩み／懲らしめ
　　を捨てる者は踏み誤る。

18 うそを言う唇は憎しみを隠している。／
　　愚か者は悪口を言う。

19 口数が多ければ罪は避けえない。／唇を
　　制すれば成功する。

20 神に従う人の舌は精選された銀。／神に
　　逆らう者の心は無に等しい。

21 神に従う人の唇は多くの人を養う。／無
　　知な者は意志が弱くて死ぬ。

22 人間を豊かにするのは主の祝福である。
　　／人間が苦労しても何も加えることはで
　　きない。

23 愚か者は悪だくみを楽しみ／英知ある人
　　は知恵を楽しむ。

24 神に逆らう者は危惧する事に襲われる。
　　／神に従う人の願いはかなえられる。

25 神に逆らう者はつむじ風の過ぎるように
　　消える。／神に従う人はとこしえの礎。

26 歯に酢、目に煙、主人に怠惰な召し使
　　い。

27 主を畏れれば長寿を得る。／主に逆らう
　　者の人生は短い。

28 神に従う人は待ち望んで喜びを得る。／
　　神に逆らう者は期待しても裏切られる。

29 主の道は、無垢な人の力／悪を行う者に
　　とっては滅亡。

30 神に従う人はとこしえに揺らぐことなく
　　／神に逆らう者は地に住まいを得ない。

---

2) 되나니 수고함으로 더하지 못하느니라

16 If you live right, the reward is a good life; if you are evil, all you have is sin.	16 行善获得生命； 罪恶招引更多的罪。
17 Accept correction, and you will find life; reject correction, and you will miss the road.	17 听从训诲的人得以存活； 不承认过犯的，身临险境。
18 You can hide your hatred by telling lies, but you are a fool to spread lies.	18 心怀忿恨的人是骗子； 散播谣言的，愚不可及。
19 You will say the wrong thing if you talk too much— so be sensible and watch what you say.	19 多言多语难免犯错； 约束嘴巴便是智慧。
20 The words of a good person are like pure silver, but the thoughts of an evil person are almost worthless.	20 正直人的话好像纯银； 邪恶人的心思毫无价值。
21 Many are helped by useful instruction, but fools are killed by their own stupidity.	21 正直人的话造福人群； 愚蠢人因无知死亡。
22 When the LORD blesses you with riches, you have nothing to regret.^{q)}	22 上主降福使人富足； 单靠劳碌不能致富【5】。
23 Fools enjoy doing wrong, but anyone with good sense enjoys acting wisely.	23 愚妄人以作恶为儿戏； 明达人以智慧为喜乐。
24 What evil people dread most will happen to them, but good people will get what they want most.	24 义人的愿望得以成就； 邪恶人所畏惧的偏偏临到。
25 Those crooks will disappear when a storm strikes, but God will keep safe all who obey him.	25 暴风一到，邪恶人被刮走， 正直人却始终稳妥。
26 Having a lazy person on the job is like a mouth full of vinegar or smoke in your eyes.	26 不要找懒惰人替你做事， 他像牙缝里的醋和眼里的烟， 使你烦躁。
27 If you respect the LORD, you will live longer; if you keep doing wrong, your life will be cut short.	27 敬畏上主的人延年益寿； 邪恶人命短福薄。
28 If you obey the LORD, you will be happy, but there is no future for the wicked.	28 正直人的盼望带来喜乐； 邪恶人的盼望有如泡影。
29 The LORD protects everyone who lives right, but he destroys anyone who does wrong.	29 上主保护诚实人； 他消灭作恶的人。
30 Good people will stand firm, but the wicked will lose their land.	30 义人不致流离失所； 邪恶人不能安居乐业。

q) When. . . regret: Or "No matter how hard you work, your riches really come from the LORD.

【5】「单靠……致富」或译「上主不把愁苦加在你的财富上面」。

31 의인의 입은 지혜를 내어도 패역한 혀는
　베임을 당할 것이니라

32 의인의 입술은 기쁘게 할 것을 알거늘
　악인의 입은 패역을 말하느니라

31 神に従う人の口は知恵を生み／暴言をは
　く舌は断たれる。

32 神に従う人の唇は好意に親しみ／神に逆
　らう者の口は暴言に親しむ。

31 Honest people speak sensibly, but deceitful liars will be silenced.

32 If you obey the Lord, you will always know the right thing to say. But no one will trust you if you tell lies.

31 正直人口中常有智慧；
邪恶人的舌头要被割掉。

32 义人说话令人喜悦；
邪恶人出口伤人。

<table>
<tr><td>

제 11 장

1 속이는 저울은 여호와께서 미워하시나 공평한 추는 그가 기뻐하시느니라

2 교만이 오면 욕도 오거니와 겸손한 자에게는 지혜가 있느니라

3 정직한 자의 성실은 자기를 인도하거니와 사악한 자의 패역은 자기를 망하게 하느니라

4 재물은 진노하시는 날에 무익하나 공의는 죽음에서 건지느니라

5 완전한 자의 공의는 자기의 길을 곧게 하려니와 악한 자는 자기의 악으로 말미암아 넘어지리라

6 정직한 자의 공의는 자기를 건지려니와 사악한 자는 자기의 악에 잡히리라

7 악인은 죽을 때에 그 소망이 끊어지나니 불의의 소망이 없어지느니라

8 의인은 환난에서 구원을 얻으나 악인은 자기의 길로 가느니라

9 악인은 입으로 그의 이웃을 망하게 하여도 의인은 그의 지식으로 말미암아 구원을 얻느니라

10 의인이 형통하면 성읍이 즐거워하고 악인이 패망하면 기뻐 외치느니라

11 성읍은 정직한 자의 축복으로 인하여 진흥하고 악한 자의 입으로 말미암아 무너지느니라

12 지혜 없는 자는 그의 이웃을 멸시하나 명철한 자는 잠잠하느니라

13 두루 다니며 한담하는 자는 남의 비밀을 누설하나 마음이 신실한 자는 그런 것을 숨기느니라

14 지략이 없으면 백성이 망하여도 지략이 많으면 평안을 누리느니라

15 타인을 위하여 보증이 되는 자는 손해를 당하여도 보증이 되기를 싫어하는 자는 평안하니라

</td><td>

第11章

1 偽りの天秤を主はいとい／十全なおもり石を喜ばれる。

2 高慢には軽蔑が伴い／謙遜には知恵が伴う。

3 正しい人は自分の無垢に導かれ／裏切り者は自分の暴力に滅ぼされる。

4 怒りの日には、富は頼りにならない。／慈善は死から救う。

5 無垢な人の慈善は、彼の道をまっすぐにする。／神に逆らう者は、逆らいの罪によって倒される。

6 正しい人は慈善によって自分を救い／裏切り者は自分の欲望の罠にかかる。

7 神に逆らう者は力に望みをかけ、期待しても／死ねばそれも失われる。

8 神に従う人は苦難に陥っても助け出され／神に逆らう者が代わってそこに落とされる。

9 神を無視する者は口先で友人を破滅に落とす。／神に従う人は知識によって助け出される。

10 神に従う人が幸いを得れば町は喜び／神に逆らう者が滅びれば歓声をあげる。

11 正しい人の祝福によって町は興り／神に逆らう者の口によって町は滅びる。

12 心ない者は友人を侮る。／英知ある人は沈黙を守る。

13 悪口を言い歩く者は秘密をもらす。／誠実な人は事を秘めておく。

14 指導しなければ民は滅びるが／参議が多ければ救われる。

15 他国の者の保証人となれば災難がふりかかる。／手を打って誓うことを嫌えば安全だ。

</td></tr>
</table>

Chapter 11

Watch What You Say and Do

1 The LORD hates anyone who cheats, but he likes everyone who is honest.

2 Too much pride can put you to shame. It's wiser to be humble.

3 If you do the right thing, honesty will be your guide. But if you are crooked, you will be trapped by your own dishonesty.

4 When God is angry, money won't help you. Obeying God is the only way to be saved from death.

5 If you are truly good, you will do right; if you are wicked, you will be destroyed by your own sin.

6 Honesty can keep you safe, but if you can't be trusted, you trap yourself.

7 When the wicked die, their hopes die with them.

8 Trouble goes right past the LORD's people and strikes the wicked.

9 Dishonest people use gossip to destroy their neighbors; good people are protected by their own good sense.

10 When honest people prosper and the wicked disappear, the whole city celebrates.

11 When God blesses his people, their city prospers, but deceitful liars can destroy a city.

12 It's stupid to say bad things about your neighbors. If you are sensible, you will keep quiet.

13 A gossip tells everything, but a true friend will keep a secret.

14 A city without wise leaders will end up in ruin; a city with many wise leaders will be kept safe.

15 It's a dangerous thing to guarantee payment for someone's debts. Don't do it!

第 11 章

1 上主厌恶不准的天平；
他喜爱公平的法码。

2 骄傲人有耻辱跟随他；
谦逊人有智慧陪伴他。

3 正直人有诚实导引；
奸诈人因乖谬毁灭自己。

4 面临死亡，财富无用；
诚实救人生命。

5 诚实使正直人走平坦的路；
邪恶人自取败亡。

6 正义救援忠诚人；
奸诈人陷落在自己的贪婪里。

7 邪恶人一死，希望都归幻灭；
倚靠钱财终必落空。

8 义人得免灾难；
恶人难逃祸患。

9 不虔的人以言语败坏邻舍；
义人的智慧能救助别人。

10 诚实人发达，合城喜乐；
邪恶人丧亡，大众欢呼。

11 城邑因义人居住而兴隆；
市镇因邪恶人的言语而倾覆。

12 嘲弄邻舍毫无见识；
明智人缄默不言。

13 爱说闲话的人泄漏机密；
诚实人堪受信托。

14 缺少领导，国必衰败；
谋士众多，国便安全。

15 为陌生人作保，必然亏损；
避免牵连的，平安无事。

16 유덕한 여자는 존영을 얻고 근면한 남자는 재물을 얻느니라

17 인자한 자는 자기의 영혼을 이롭게 하고 잔인한 자는 자기의 몸을 해롭게 하느니라

18 악인의 삯은 허무하되 공의를 뿌린 자의 상은 확실하니라

19 공의를 굳게 지키는 자는 생명에 이르고 악을 따르는 자는 사망에 이르느니라

20 마음이 굽은 자는 여호와께 미움을 받아도 행위가 온전한 자는 그의 기뻐하심을 받느니라

21 악인은 1)피차 손을 잡을지라도 벌을 면하지 못할 것이나 의인의 자손은 구원을 얻으리라

22 아름다운 여인이 삼가지 아니하는 것은 마치 돼지 코에 금 고리 같으니라

23 의인의 소원은 오직 선하나 악인의 소망은 진노를 이루느니라

24 흩어 구제하여도 더욱 부하게 되는 일이 있나니 과도히 아껴도 가난하게 될 뿐이니라

25 구제를 좋아하는 자는 풍족하여질 것이요 남을 윤택하게 하는 자는 자기도 윤택하여지리라

26 곡식을 내놓지 아니하는 자는 백성에게 저주를 받을 것이나 파는 자는 그의 머리에 복이 임하리라

27 선을 간절히 구하는 자는 은총을 얻으려니와 악을 더듬어 찾는 자에게는 악이 임하리라

28 자기의 재물을 의지하는 자는 패망하려니와 의인은 푸른 잎사귀 같아서 번성하리라

29 자기 집을 해롭게 하는 자의 소득은 바람이라 미련한 자는 마음이 지혜로운 자의 종이 되리라

30 의인의 열매는 생명 나무라 지혜로운 자는 사람을 얻느니라

31 보라 의인이라도 이 세상에서 보응을 받겠거든 하물며 악인과 죄인이리요

16 美しい女は名誉をわがものとし／強い男は富をわがものとする。

17 慈しみ深い人は自分の魂を益し／残酷な者は自分の身に煩いを得る。

18 神に逆らう者の得る収入は欺き。／慈善を蒔く人の収穫は真実。

19 慈善は命への確かな道。／悪を追求する者は死に至る。

20 心の曲がった者を主はいとい／完全な道を歩む人を喜ばれる。

21 悪人は何代経ようとも罰を逃れえず／神に従う人の子孫は免れる。

22 豚が鼻に金の輪を飾っている。／美しい女に知性が欠けている。

23 神に従う人の望みは常に良い。／神に逆らう者の期待は怒りに終る。

24 散らしてなお、加えられる人もあり／締めすぎて欠乏する者もある。

25 気前のよい人は自分も太り／他を潤す人は自分も潤う。

26 穀物を売り惜しむ者は民の呪いを買い／供する人の頭上には祝福が与えられる。

27 善を捜し求める人は好意を尋ね求める人。／悪を求める者には悪が訪れる。

28 富に依存する者は倒れる。／神に従う人は木の葉のように茂る。

29 家に煩いをもたらす者は風を嗣業とする者。／愚か者は知恵ある人の奴隷となる。

30 神に従う人の結ぶ実は命の木となる。／知恵ある人は多くの魂をとらえる。

31 神に従う人がこの地上で報われるというなら／神に逆らう者、罪を犯す者が／報いを受けるのは当然だ。

---

1) 정녕히

16 A gracious woman will be respected,
   but a man must work hard to get rich.[r]

17 Kindness is rewarded— but if you
   are cruel, you hurt yourself.

18 Meanness gets you nowhere,
   but goodness is rewarded.

19 Always do the right thing, and
   you will live; keep on doing
   wrong, and you will die.

20 The LORD hates sneaky people, but
   he likes everyone who lives right.

21 You can be sure of this: All crooks will
   be punished, but God's people won't.

22 A beautiful woman who acts foolishly
   is like a gold ring on the snout of a pig.

23 Good people want what
   is best, but troublemakers
   hope to stir up trouble.[s]

24 Sometimes you can become
   rich by being generous or
   poor by being greedy.

25 Generosity will be rewarded:
   Give a cup of water, and you will
   receive a cup of water in return.

26 Charge too much for grain, and
   you will be cursed; sell it at a fair
   price, and you will be praised.

27 Try hard to do right, and you
   will win friends; go looking for
   trouble, and you will find it.

28 Trust in your wealth, and you will
   be a failure, but God's people will
   prosper like healthy plants.

29 Fools who cause trouble in the family
   won't inherit a thing. They will end up
   as slaves of someone with good sense.

30 Live right, and you will eat from
   the life-giving tree. And if you
   act wisely, others will follow.[t]

31 If good people are rewarded[u] here
   on this earth, all who are cruel and
   mean will surely be punished.

16 端庄的女子受人敬重；
   败德的女人自取耻辱。
   懒惰的人身无分文【6】
   毅力坚强的往往致富。

17 仁慈人造福自己；
   强暴人残害己身。

18 邪恶人只得虚假之利；
   正直人必获真实奖赏。

19 立志行善，必得生命；
   决心作恶，招致死亡。

20 心地邪恶，上主憎恨；
   行为正直，蒙他喜悦。

21 邪恶人难逃惩罚；
   正直人都蒙救援。

22 貌美而无见识的女人，
   恰如猪鼻子带着金环。

23 正直人的心愿结出善果；
   邪恶人的期望干犯众怒。

24 慷慨好施，日益富裕；
   一毛不拔，反更穷困。

25 慷慨好施，更加发达；
   帮助别人，自己受益。

26 屯积居奇，要受诅咒；
   乐意售粮，人人赞扬。

27 竭力行善，受人敬重；
   追寻邪恶，祸患临头。

28 倚靠财富，像秋天落叶；
   义人繁茂，如夏季绿叶。

29 带灾难进家门，终必倾家荡产；
   愚拙人必作明智人的奴仆。

30 义人结生命的果子；
   强暴人残害生命。

31 正直人在世上尚且遭报，
   何况邪恶人和罪人呢！

---

r) but. . . rich: Or "a ruthless man will only get rich."
s) Good people. . . trouble: Or "Good people do what
   is best, but troublemakers just stir up trouble."
t) act. . . follow: Hebrew; one ancient translation
   "but violence leads to death."
u) rewarded: Or "punished."

【6】「懒惰的人身无分文」：希伯来文没有这一句。

제 12 장

1　훈계를 좋아하는 자는 지식을 좋아하거니와
징계를 싫어하는 자는 짐승과 같으니라

2　선인은 여호와께 은총을 받으려니와 악을
꾀하는 자는 정죄하심을 받으리라

3　사람이 악으로서 굳게 서지 못하거니와
의인의 뿌리는 움직이지 아니하느니라

4　어진 여인은 그 지아비의 면류관이나 욕을
끼치는 여인은 그 지아비의 뼈가 썩음 같게
하느니라

5　의인의 생각은 정직하여도 악인의 도모는
속임이니라

6　악인의 말은 사람을 엿보아 피를 흘리자
하는 것이거니와 정직한 자의 입은 사람을
구원하느니라

7　악인은 엎드러져서 소멸되려니와 의인의
집은 서 있으리라

8　사람은 그 지혜대로 칭찬을 받으려니와
마음이 굽은 자는 멸시를 받으리라

9　비천히 여김을 받을지라도 종을 부리는
자는 스스로 높은 체하고도 음식이 핍절한
자보다 나으니라

10　의인은 자기의 가축의 생명을 돌보나
악인의 긍휼은 잔인이니라

11　자기의 토지를 경작하는 자는 먹을 것이
많거니와 방탕한 것을 따르는 자는 지혜가
없느니라

12　악인은 1)불의의 이익을 탐하나 의인은 그
뿌리로 말미암아 결실하느니라

13　악인은 입술의 허물로 말미암아 그물에
걸려도 의인은 환난에서 벗어나느니라

14　사람은 입의 열매로 말미암아 복록에
족하며 그 손이 행하는 대로 자기가
받느니라

15　미련한 자는 자기 행위를 바른 줄로 여기나
지혜로운 자는 권고를 듣느니라

---

1) 악인의 그물질한 것을

第12章

1　諭しを愛する人は知識を愛する。／懲ら
しめを憎む者は愚かだ。

2　善人は主に喜び迎えられる。／悪だくみ
をする者は罪ありとされる。

3　神に逆らえば、固く立つことはできな
い。／神に従う人の根は揺らぐことがな
い。

4　有能な妻は夫の冠。／恥をもたらす妻は
夫の骨の腐れ。

5　神に従う人の計らいは正義。／神に逆ら
う者の指図は、裏切り。

6　神に逆らう者の言葉は待ち伏せて流血を
犯す。／正しい人の口は自分を救う。

7　神に逆らう者は覆って滅びる。／神に従
う人の家は耐える。

8　人は見識のゆえに賞賛される。／心がい
じけている者は侮られる。

9　軽蔑されていても僕を持っている方が／
尊敬されていてパンを欠くよりよい。

10　神に従う人は家畜の求めるものすら知っ
ている。／神に逆らう者は同情すら残酷
だ。

11　自分の土地を耕す人はパンに飽き足り
る。／意志の弱い者は空を追う。

12　神に逆らう貪欲は、悪人らを捕える網と
なる。／神に従う人の根は実りを与え
る。

13　悪人は唇の罪の罠にかかる。／神に従う
人は苦難から逃れ出る。

14　口の言葉が結ぶ実によって／人は良いも
のに飽き足りる。／人は手の働きに応じ
て報いられる。

15　無知な者は自分の道を正しいと見なす。
／知恵ある人は勧めに聞き従う。

Chapter 12

第 12 章

You Can't Hide behind Evil

1 To accept correction is wise,
to reject it is stupid.

2 The LORD likes everyone who
lives right, but he punishes
everyone who makes evil plans.

3 Sin cannot offer security! But
if you live right, you will be as
secure as a tree with deep roots.

4 A helpful wife is a jewel for her
husband, but a shameless wife
will make his bones rot.

5 Good people have kind thoughts,
but you should never trust the
advice of someone evil.

6 Bad advice is a deadly trap, but
good advice is like a shield.

7 Once the wicked are defeated, they
are gone forever, but no one who
obeys God will ever be thrown down.

8 Good sense is worthy of praise,
but stupidity is a curse.

9 It's better to be ordinary and have
only one servant[v] than to think you
are somebody and starve to death.

10 Good people are kind to their
animals, but a mean person is cruel.

11 Hard working farmers have more
than enough food; daydreamers are
nothing more than stupid fools.

12 An evil person tries to hide
behind evil;[w] good people are
like trees with deep roots.

13 We trap ourselves by telling lies, but
we stay out of trouble by living right.

14 We are rewarded or punished
for what we say and do.

15 Fools think they know what is best,
but a sensible person listens to advice.

---

1 喜爱知识的人乐于受教；
惟有愚蠢人憎恨规劝。

2 上主喜欢正直人；
他责罚诡计多端的人。

3 作恶不能使人安全；
义人坚立而不动摇。

4 贤慧的妻子是丈夫的华冠；
无耻的妻子恰如丈夫骨中的毒瘤。

5 诚实人以公正待人；
邪恶人只图谋欺诈。

6 邪恶人的口舌能杀人；
义人的言语能救人。

7 邪恶人败落，子孙不继；
义人的家室得以存续。

8 聪明人将受赞扬；
愚蠢人必被轻蔑。

9 平凡的人靠工作生活，
胜过自高自大的人捱饿。

10 正直人爱护动物；
邪恶人残害牲畜。

11 勤于耕作的农夫食用无缺；
追求虚幻的人愚不可及。

12 邪恶人终日想做坏事；
正直人坚定而不动摇。

13 邪恶人掉在自己口舌的圈套里；
诚实人得免于祸患。

14 人从自己的言行得到奖赏；
他将获取应得的酬报。

15 愚蠢人自以为是；
明达人听从规劝。

---

v) It's. . . servant: Or "It is better just to have an ordinary job."
w) An evil. . . evil: Or "Evil people love
what they get from being evil."

16 미련한 자는 당장 분노를 나타내거니와
슬기로운 자는 수욕을 참느니라

17 진리를 말하는 자는 의를 나타내어도 거짓
증인은 속이는 말을 하느니라

18 칼로 찌름 같이 함부로 말하는 자가
있거니와 지혜로운 자의 혀는 양약과
같으니라

19 진실한 입술은 영원히 보존되거니와 거짓
혀는 잠시 동안만 있을 뿐이니라

20 악을 꾀하는 자의 마음에는 속임이 있고
화평을 의논하는 자에게는 희락이 있느니라

21 의인에게는 어떤 재앙도 임하지
아니하려니와 악인에게는 앙화가
가득하리라

22 거짓 입술은 여호와께 미움을 받아도
진실하게 행하는 자는 그의 기뻐하심을
받느니라

23 슬기로운 자는 지식을 감추어도 미련한
자의 마음은 미련한 것을 전파하느니라

24 부지런한 자의 손은 사람을 다스리게
되어도 게으른 자는 부림을 받느니라

25 근심이 사람의 마음에 있으면 그것으로
번뇌하게 되나 선한 말은 그것을 즐겁게
하느니라

26 의인은 그 이웃의 인도자가 되나 악인의
소행은 자신을 미혹하느니라

27 게으른 자는 그 2)잡을 것도 사냥하지
아니하나니 3)사람의 부귀는 부지런한
것이니라

28 공의로운 길에 생명이 있나니 그 길에는
사망이 없느니라

16 無知な者は怒ってたちまち知れ渡る。／
思慮深い人は、軽蔑されても隠してい
る。

17 忠実に発言する人は正しいことを述べ／
うそをつく証人は裏切る。

18 軽率なひと言が剣のように刺すこともあ
る。／知恵ある人の舌は癒す。

19 真実を語る唇はいつまでも確かなもの。
／うそをつく舌は一瞬。

20 悪を耕す者の心には裏切りがある。／平
和を勧める人の心には喜びがある。

21 神に従う人はどのような災難にも遭わな
い。／神に逆らう者は災いで満たされ
る。

22 うそをつく唇を主はいとわれる。／忠実
を尽くす人を主は喜び迎えられる。

23 思慮深い人は知識を隠す。／愚かな心は
その無知を言いふらす。

24 勤勉な手は支配し／怠惰な手は奴隷とな
る。

25 心配は人をうなだれさせる。／親切な言
葉は人を喜ばせる。

26 神に従う人は友よりも好運である。／神
に逆らう者の道は人を迷わす。

27 怠惰な者は獲物を追うこともしない。／
勤勉な人は人類の貴い財産だ。

28 命は慈善の道にある。／この道を踏む人
に死はない。

2) 사냥한 것도 굽지 아니하나니
3) 부지런한 자에게는 귀한 재물이 있느니라

16 Losing your temper is foolish; ignoring an insult is smart.

17 An honest person tells the truth in court, but a dishonest person tells nothing but lies.

18 Sharp words cut like a sword, but words of wisdom heal.

19 Truth will last forever; lies are soon found out.

20 An evil mind is deceitful, but gentle thoughts bring happiness.

21 Good people never have trouble, but troublemakers have more than enough.

22 The LORD hates every liar, but he is the friend of all who can be trusted.

23 Be sensible and don't tell everything you know— only fools spread foolishness everywhere.

24 Work hard, and you will be a leader; be lazy, and you will end up a slave.

25 Worry is a heavy burden, but a kind word always brings cheer.

26 You are better off to do right, than to lose your way by doing wrong.[x]

27 Anyone too lazy to cook will starve, but a hard worker is a valuable treasure.[y]

28 Follow the road to life, and you won't be bothered by death.

---

16 愚蠢人一恼怒，立刻显露；
精明人能容忍侮辱。

17 说实话，显示公正；
作假证，伤害无辜。

18 出言不慎如利剑伤人；
言语明智如济世良药。

19 撒谎的舌头瞬息即逝；
诚实的嘴唇永垂不朽。

20 图谋恶事的，心存诡诈；
促进和平的，充满喜乐。

21 正直人无往不利；
邪恶人祸患不息。

22 撒谎的口，上主憎恨；
信守诺言，他要嘉许。

23 聪明人深藏才学；
愚蠢人显露无知。

24 勤劳的手必然掌权；
懒惰的人必服苦役。

25 忧虑使人消沉；
良言使人振奋。

26 义人是邻舍的良师益友；
邪恶人往往深入迷途。

27 懒惰人无法如愿以偿；
勤劳人却广有资财。

28 正义是导向生命之路；
邪恶为趋向死亡之途。

---

x) wrong: One possible meaning for the difficult Hebrew text of verse 26.

y) but. . . treasure: One possible meaning for the difficult Hebrew text.

<table>
<tr><td valign="top">

제 13 장

1　지혜로운 아들은 아비의 훈계를 들으나
　거만한 자는 꾸지람을 즐겨 듣지
　아니하느니라

2　사람은 입의 열매로 인하여 복록을
　누리거니와 마음이 궤사한 자는 강포를
　당하느니라

3　입을 지키는 자는 자기의 생명을 보전하나
　입술을 크게 벌리는 자에게는 멸망이
　오느니라

4　게으른 자는 마음으로 원하여도 얻지
　못하나 부지런한 자의 마음은 풍족함을
　얻느니라

5　의인은 거짓말을 미워하나 악인은 행위가
　흉악하여 부끄러운 데에 이르느니라

6　공의는 행실이 정직한 자를 보호하고 악은
　죄인을 패망하게 하느니라

7　스스로 부1)한 체하여도 아무 것도 없는 자가
　있고 스스로 가난1)한 체하여도 재물이 많은
　자가 있느니라

8　사람의 재물이 자기 생명의 속전일 수
　있으나 가난한 자는 협박을 받을 일이
　없느니라

9　의인의 빛은 환하게 빛나고 악인의 등불은
　꺼지느니라

10　교만에서는 다툼만 일어날 뿐이라 권면을
　듣는 자는 지혜가 있느니라

11　망령되이 얻은 재물은 줄어가고 손으로
　모은 것은 늘어가느니라

12　소망이 더디 이루어지면 그것이 마음을
　상하게 하거니와 소원이 이루어지는 것은
　곧 생명 나무니라

13　말씀을 멸시하는 자는 자기에게 패망을
　이루고 계명을 두려워하는 자는 상을
　받느니라

14　지혜 있는 자의 교훈은 생명의 샘이니
　사망의 그물에서 벗어나게 하느니라

</td><td valign="top">

第13章

1　子は父の諭しによって知恵を得る。／不
　遜な者は叱責に聞き従わない。

2　口の言葉が結ぶ実によって／人は良いも
　のを享受する。／欺く者の欲望は不法に
　向かう。

3　自分の口を警戒する者は命を守る。／い
　たずらに唇を開く者は滅びる。

4　怠け者は欲望をもっても何も得られず／
　勤勉な人は望めば豊かに満たされる。

5　神に従う人は偽りの言葉を憎む。／神に
　逆らう者は悪臭を放ち、辱められる。

6　慈善は完全な道を歩む人を守り／神に逆
　らうことは罪ある者を滅ぼす。

7　富んでいると見せて、無一物の者がい
　る。／貧乏と見せて、大きな財産を持つ
　者がある。

8　財産が自分の身代金になる者もある。／
　貧しい人は叱責を聞くことはない。

9　神に従う人の光は喜ばしく輝き／神に逆
　らう者の灯は消される。

10　高慢にふるまえば争いになるばかりだ。
　／勧めを受け入れる人は知恵を得る。

11　財産は吐く息よりも速く減って行くが／手
　をもって集めれば増やすことができる。

12　待ち続けるだけでは心が病む。／かなえ
　られた望みは命の木。

13　言葉を侮る者は滅ぼされ／戒めを敬う者
　は報われる。

14　賢人の教えは命の源。／死の罠を避けさ
　せる。

</td></tr>
</table>

---

1) 하게

Chapter 13

Wise Friends Make You Wise

1 Children with good sense accept correction from their parents, but stubborn children ignore it completely.

2 You will be well rewarded for saying something kind, but all some people think about is how to be cruel and mean.

3 Keep what you know to yourself, and you will be safe; talk too much, and you are done for.

4 No matter how much you want, laziness won't help a bit, but hard work will reward you with more than enough.

5 A good person hates deceit, but those who are evil cause shame and disgrace.

6 Live right, and you are safe! But sin will destroy you.

7 Some who have nothing may pretend to be rich, and some who have everything may pretend to be poor.

8 The rich may have to pay a ransom, but the poor don't have that problem.

9 The lamp of a good person keeps on shining; the lamp of an evil person soon goes out.

10 Too much pride causes trouble. Be sensible and take advice.

11 Money wrongly gotten will disappear bit by bit; money earned little by little will grow and grow.

12 Not getting what you want can make you feel sick, but a wish that comes true is a life-giving tree.

13 If you reject God's teaching, you will pay the price; if you obey his commands, you will be rewarded.

14 Sensible instruction is a life-giving fountain that helps you escape all deadly traps.

第 13 章

1 明智的儿子留心父亲的教诲；
傲慢人不承认自己的过错。

2 好人说话得尝佳果；
诡诈的人只图强暴。

3 口舌谨慎，保存生命；
信口开河，自招毁灭。

4 懒惰的人难偿所愿；
勤劳的人得庆有余。

5 诚实人恨恶谎言；
邪恶人言语可憎。

6 正义卫护无辜；
邪恶使罪人倾覆。

7 有人假装富有，其实一贫如洗；
有人装作贫穷，却是腰缠万贯。

8 有钱人花钱赎命；
穷苦人不受恐吓。

9 正直人如闪耀的光辉；
邪恶人像快熄灭的灯火。

10 傲慢引起争端；
接受规劝便是智慧。

11 不劳而获的财物瞬息耗尽；
勤劳累积的财富日日增加。

12 希望幻灭，心灵随之破碎；
愿望实现，心里充满生机。

13 藐视教训，自招灾祸；
听从训诫，稳妥安全。

14 明智人的教导是智慧的泉源；
智慧使人逃脱死亡的险境。

15 선한 지혜는 은혜를 베푸나 사악한 자의
　　길은 험하니라

16 무릇 슬기로운 자는 지식으로 행하거니와
　　미련한 자는 자기의 미련한 것을
　　나타내느니라

17 악한 사자는 재앙에 빠져도 충성된 사신은
　　양약이 되느니라

18 훈계를 저버리는 자에게는 궁핍과 수욕이
　　이르거니와 경계를 받는 자는 존영을
　　받느니라

19 소원을 성취하면 마음에 달아도 미련한
　　자는 악에서 떠나기를 싫어하느니라

20 지혜로운 자와 동행하면 지혜를 얻고
　　미련한 자와 사귀면 해를 받느니라

21 재앙은 죄인을 따르고 선한 보응은
　　의인에게 이르느니라

22 선인은 그 산업을 자자 손손에게 끼쳐도
　　죄인의 재물은 의인을 위하여 쌓이느니라

23 가난한 자는 밭을 경작함으로 양식이
　　많아지거니와 불의로 말미암아 가산을
　　탕진하는 자가 있느니라

24 매를 아끼는 자는 그의 자식을 미워함이라
　　자식을 사랑하는 자는 근실히 징계하느니라

25 의인은 포식하여도 악인의 배는 주리느니라

15 見識は優雅さを伴う。／欺く者の道は手
ごわい。

16 思慮深い人は皆知識に基づいてふるま
う。／愚か者は無知をさらけ出す。

17 神に逆らう使者は災いに遭い／忠実な使
いは癒す。

18 諭しをなおざりにする者は貧乏と軽蔑に
遭う。／懲らしめを守れば名誉を得る。

19 欲望がかなえられれば魂は快い。／愚か
者は悪を避けることをいとう。

20 知恵ある者と共に歩けば知恵を得／愚か
者と交われば災いに遭う。

21 災難は罪人を追う。／神に従う人には良
い報いがある。

22 善人は孫の代にまで嗣業を残す。／罪人
の富は神に従う人のために蓄えられる。

23 貧しい人の耕作地に多くの食糧が実って
も／正義が行われなければ奪われる。

24 鞭を控えるものは自分の子を憎む者。／
子を愛する人は熱心に諭しを与える。

25 神に従う人は食べてその望みを満たす。
／神に逆らう者の腹は満たされることが
ない。

15 Sound judgment is praised,
but people without good sense
are on the way to disaster.[z]

16 If you have good sense, you will act
sensibly, but fools act like fools.

17 Whoever delivers your message can
make things better or worse for you.

18 All who refuse correction will
be poor and disgraced; all who
accept correction will be praised.

19 It's a good feeling to get what
you want, but only a stupid
fool hates to turn from evil.

20 Wise friends make you wise,
but you hurt yourself by
going around with fools.

21 You are in for trouble if you sin, but
you will be rewarded if you live right.

22 If you obey God, you will
have something to leave your
grandchildren. If you don't obey God,
those who live right will
get what you leave.

23 Even when the land of the poor
produces good crops, they get
cheated out of what they grow.[a]

24 If you love your children, you will
correct them; if you don't love
them, you won't correct them.

25 If you live right, you will have
plenty to eat; if you don't live
right, you will go away empty.

15 明达的人到处受尊敬；
无信义的人走向毁灭。

16 聪明人三思而行；
愚蠢人夸耀自己的无知。

17 糊涂的使者造成祸害；
忠信的使者促进和平。

18 拒绝规劝必穷困羞辱；
接受管教必受人敬重。

19 愿望实现，令人愉快；
愚昧人不愿离弃邪恶。

20 跟明智人同行，就有智慧；
跟愚昧人作伴，必受连累。

21 祸患追踪罪人；
义人却得善报。

22 好人为子孙留下产业；
罪人积藏的财物却归义人。

23 未开垦的土地可为穷人产粮食；
不义的人却不愿耕耘土地。

24 不惩戒儿子就是不爱他；
疼爱儿子必勤加管教。

25 正直人食用无缺；
邪恶人时时捱饿。

제 14 장

1 지혜로운 여인은 자기 집을 세우되 미련한 여인은 자기 손으로 그것을 허느니라

2 정직하게 행하는 자는 여호와를 경외하여도 패역하게 행하는 자는 여호와를 경멸하느니라

3 미련한 자는 교만하여 입으로 매를 자청하고 지혜로운 자의 입술은 자기를 보전하느니라

4 소가 없으면 구유는 깨끗하려니와 소의 힘으로 얻는 것이 많으니라

5 신실한 증인은 거짓말을 아니하여도 거짓 증인은 거짓말을 뱉느니라

6 거만한 자는 지혜를 구하여도 얻지 못하거니와 명철한 자는 지식 얻기가 쉬우니라

7 너는 미련한 자의 1)앞을 떠나라 그 입술에 지식 있음을 보지 못함이니라

8 슬기로운 자의 지혜는 자기의 길을 아는 것이라도 미련한 자의 어리석음은 속이는 것이니라

9 미련한 자는 죄를 심상히 여겨도 정직한 자 중에는 은혜가 있느니라

10 마음의 고통은 자기가 알고 마음의 즐거움은 타인이 참여하지 못하느니라

11 악한 자의 집은 망하겠고 정직한 자의 장막은 흥하리라

12 어떤 길은 사람이 보기에 바르나 필경은 사망의 길이니라

13 웃을 때에도 마음에 슬픔이 있고 즐거움의 끝에도 근심이 있느니라

14 마음이 굽은 자는 자기 행위로 보응이 가득하겠고 선한 사람도 자기의 행위로 그러하리라

15 어리석은 자는 온갖 말을 믿으나 슬기로운 자는 자기의 행동을 삼가느니라

第14章

1 知恵ある女は家庭を築く。／無知な女は自分の手でそれをこわす。

2 主を畏れる人はまっすぐ歩む。／主を侮る者は道を曲げる。

3 無知な者の口には傲慢の杖。／知恵ある人の唇は自分を守る。

4 牛がいなければ飼い葉桶は清潔だが／豊作をもたらすのは牛の力。

5 忠実な証人は欺かない。／欺きの発言をするのはうそつきの証人。

6 不遜であれば知恵を求めても得られない。／聡明であれば知識は容易に得られる。

7 愚か者の前から立ち去るがよい。／彼に知識ある唇を認めることはできない。

8 思慮深い人は自分の知恵によって道を見分ける。／愚か者の無知は欺く。

9 無知な者は不遜で互いをなじる。／正しい人は互いに受け入れる。

10 魂の苦しみを知るのは自分の心。／その喜びにも他人はあずからない。

11 神に逆らう者の家は断絶する。／正しい人の天幕は繁栄する。

12 人間の前途がまっすぐなようでも／果ては死への道となることがある。

13 笑っていても心の痛むことがあり／喜びが悲しみに終ることもある。

14 二心ある者は自らの道に／善人は自らの業に飽かされる。

15 未熟な者は何事も信じこむ。／熟慮ある人は行く道を見分けようとする。

---

1) 앞으로 가라 그 입술에 지식 있음을 보지 못하리라

Chapter 14	第 14 章

Wisdom Makes Good Sense

1 A woman's family is held together by her wisdom, but it can be destroyed by her foolishness.

2 By living right, you show that you respect the LORD; by being deceitful, you show that you despise him.

3 Proud fools are punished for their stupid talk, but sensible talk can save your life.

4 Without the help of an ox there can be no crop, but with a strong ox a big crop is possible.

5 An honest witness tells the truth; a dishonest witness tells nothing but lies.

6 Make fun of wisdom, and you will never find it. But if you have understanding, knowledge comes easily.

7 Stay away from fools, or you won't learn a thing.

8 Wise people have enough sense to find their way, but stupid fools get lost.

9 Fools don't care if they are wrong, [b] but God is pleased when people do right.

10 No one else can really know how sad or happy you are.

11 The tent of a good person stands longer than the house of someone evil.

12 You may think you are on the right road and still end up dead.

13 Sorrow may hide behind laughter, and happiness may end in sorrow.

14 You harvest what you plant, whether good or bad.

15 Don't be stupid and believe all you hear; be smart and know where you are headed.

1 贤慧的女子建立家室；
愚蠢的女人拆毁家室。

2 行为正直的人敬畏上主；
行为乖僻的人藐视上主。

3 愚昧人因骄傲喋喋不休；
明智人以言语保护自己。

4 没有牲畜耕犁，何来谷物；
有了牲畜耕犁，谷物增多。

5 可靠的证人说实话；
虚伪的证人吐谎言。

6 狂妄之徒得不到智慧；
明达的人求知容易。

7 要躲开愚昧人，
因他们没有可传授的知识。

8 聪明人的智慧使他找到当走的路；
愚蠢人的笨拙欺骗了自己。

9 愚昧人犯罪不肯悔改；
正直人寻求彼此的宽恕。

10 心里的苦闷，别人不能分担；
心里的喜乐，别人无法分享。

11 邪恶人的屋子必定倒塌；
正直人的屋子必然屹立。

12 有些道路看来正直，
却是导向死亡之途。

13 欢笑也许可以掩盖愁苦；
欢乐一过，忧伤仍然存留。

14 坏人自食恶果；
正直人的善行必得善报。

15 愚蠢人事事都信；
聪明人步步小心。

b) Fools. . . wrong: One possible meaning for the difficult Hebrew text.

16 지혜로운 자는 두려워하여 악을 떠나나
어리석은 자는 방자하여 스스로 믿느니라

17 노하기를 속히 하는 자는 어리석은 일을
행하고 악한 계교를 꾀하는 자는 미움을
받느니라

18 어리석은 자는 어리석음으로 기업을 삼아도
슬기로운 자는 지식으로 면류관을 삼느니라

19 악인은 선인 앞에 엎드리고 불의한 자는
의인의 문에 엎드리느니라

20 가난한 자는 이웃에게도 미움을 받게 되나
부요한 자는 친구가 많으니라

21 이웃을 업신여기는 자는 죄를 범하는 자요
빈곤한 자를 불쌍히 여기는 자는 복이 있는
자니라

22 악을 도모하는 자는 잘못 가는 것이 아니냐
선을 도모하는 자에게는 인자와 진리가
있으리라

23 모든 수고에는 이익이 있어도 입술의 말은
궁핍을 이룰 뿐이니라

24 지혜로운 자의 재물은 그의 면류관이요
미련한 자의 소유는 다만 미련한 것이니라

25 진실한 증인은 사람의 생명을 구원하여도
거짓말을 뱉는 사람은 속이느니라

26 여호와를 경외하는 자에게는 견고한 의뢰가
있나니 그 자녀들에게 피난처가 있으리라

27 여호와를 경외하는 것은 생명의 샘이니
사망의 그물에서 벗어나게 하느니라

28 백성이 많은 것은 왕의 영광이요 백성이
적은 것은 주권자의 패망이니라

29 노하기를 더디 하는 자는 크게 명철하여도
마음이 조급한 자는 어리석음을
나타내느니라

30 평온한 마음은 육신의 생명이나 시기는
뼈를 썩게 하느니라

16 知恵ある人は畏れによって悪を避け／愚
か者は高慢で自信をもつ。

17 短気な者は愚かなことをする。／陰謀家
は憎まれる。

18 浅はかな者は無知を嗣業とし／熟慮ある
人は知識をその冠とする。

19 神に逆らう者は神に従う人の門の前に／
悪人は善人の前に、身を低くする。

20 貧乏な者は友にさえ嫌われるが／金持ち
を愛する者は多い。

21 友を侮ることは罪。／貧しい人を憐れむ
ことは幸い。

22 罪を耕す者は必ず迷う。／善を耕す人は
慈しみとまことを得る。

23 どのような苦労にも利益がある。／口先
だけの言葉は欠乏をもたらす。

24 知恵ある人の冠はその富。／愚か者の冠
はその無知。

25 真実の証人は魂を救い／欺きの発言をす
る者は裏切る。

26 主を畏れれば頼るべき砦を得／子らのた
めには避けどころを得る。

27 主を畏れることは命の源／死の罠を避け
させる。

28 国が強大であれば王は栄光を得る。／民
が絶えれば君主は滅びる。

29 忍耐によって英知は加わる。／短気な者
はますます無知になる。

30 穏やかな心は肉体を生かし／激情は骨を
腐らせる。

16 Only a stupid fool is never
cautious— so be extra careful
and stay out of trouble.

17 Fools have quick tempers, and no
one likes you if you can't be trusted.

18 Stupidity leads to foolishness;
be smart and learn.

19 The wicked will come crawling
to those who obey God.

20 You have no friends if you are poor, but
you have lots of friends if you are rich.

21 It's wrong to hate others,
but God blesses everyone
who is kind to the poor.

22 It's a mistake to make evil plans,
but you will have loyal friends
if you want to do right.

23 Hard work is worthwhile, but
empty talk will make you poor.

24 Wisdom can make you rich, but
foolishness leads to more foolishness.

25 An honest witness can save your
life, but liars can't be trusted.

26 If you respect the LORD, you and
your children have a strong fortress

27 and a life-giving fountain that
keeps you safe from deadly traps.

28 Rulers of powerful nations are
held in honor; rulers of weak
nations are nothing at all.

29 It's smart to be patient, but it's
stupid to lose your temper.

30 It's healthy to be content, but
envy can eat you up.

16 聪明人躲避祸患；
愚蠢人任性自负。

17 脾气急躁的人做事愚妄；
通情达理的人镇定自在[7]。

18 无知的人自食愚拙的恶果；
通达的人以知识为华冠。

19 坏人在义人面前俯伏；
邪恶人在正直人面前求乞。

20 贫穷人大家厌恶；
有钱人高朋满座。

21 怜恤贫穷的有福；
轻视邻舍的有罪。

22 行善的，受尊崇敬重；
作恶的，陷入于迷途。

23 辛劳工作，生活无忧；
终日闲谈，必然穷苦。

24 聪明人以智慧为华冠；
愚蠢人以无知为夸耀。

25 作实证的，救人生命；
吐谎言的，伤害他人。

26 敬畏上主就有倚靠；
他的家人安全稳妥。

27 敬畏上主是生命的泉源；
它能使人躲开死亡险境。

28 君王的光荣在于人民众多；
没有人民，他就一无所有。

29 不轻易动怒的才算聪明；
脾气急躁的只暴露愚拙。

30 宁静使身体健康；
嫉妒是骨中毒癌。

【7】「镇定自在」是根据一古译本，希伯来文是「被恨恶」。

31 가난한 사람을 학대하는 자는 그를 지으신
이를 멸시하는 자요 궁핍한 사람을 불쌍히
여기는 자는 주를 공경하는 자니라

32 악인은 그의 환난에 엎드러져도 의인은
그의 죽음에도 소망이 있느니라

33 지혜는 명철한 자의 마음에 머물거니와
미련한 자의 속에 있는 것은 나타나느니라

34 공의는 나라를 영화롭게 하고 죄는 백성을
욕되게 하느니라

35 슬기롭게 행하는 신하는 왕에게 은총을
입고 욕을 끼치는 신하는 그의 진노를
당하느니라

31 弱者を虐げる者は造り主を嘲る。／造り
主を尊ぶ人は乏しい人を憐れむ。

32 神に逆らう者は災いのときに退けられ
る。／神に従う人は死のときにも避けど
ころを得る。

33 聡明な心では知恵は憩っているが／愚か
者の中では自らを示す。

34 慈善は国を高め、罪は民の恥となる。

35 成功をもたらす僕は王に喜び迎えられ／
恥をもたらす僕はその怒りを買う。

31 If you mistreat the poor, you insult your Creator; if you are kind to them, you show him respect.

32 In times of trouble the wicked are destroyed, but even at death the innocent have faith.[c]

33 Wisdom is found in the minds of people with good sense, but fools don't know it.[d]

34 Doing right brings honor to a nation, but sin brings disgrace.

35 Kings reward servants who act wisely, but they punish those who act foolishly.

31 欺压穷人等于侮辱创造主；
怜悯贫寒就是敬虔的行为。

32 邪恶人的暴行使他败亡；
正直人因诚实而【8】蒙保守。

33 明达人的意念都有智慧；
愚蠢人却一无所知。

34 正义使国家强盛；
罪恶是民族之耻。

35 明智的臣仆蒙君王嘉许；
失职的官员却遭受惩罚。

---

c) but even. . . faith: One possible meaning for the difficult Hebrew text. Some ancient translations "but good people trust their innocence."

d) but. . . it: One possible meaning for the difficult Hebrew text; some ancient translations "but not in the mind of a fool."

【8】「因诚实而」是根据一些古译本，希伯来文是「临死也」。

<table>
<tr><td valign="top">

제 15 장

1　유순한 대답은 분노를 쉬게 하여도 과격한 말은 노를 격동하느니라

2　지혜 있는 자의 혀는 지식을 선히 베풀고 미련한 자의 입은 미련한 것을 쏟느니라

3　여호와의 눈은 어디서든지 악인과 선인을 감찰하시느니라

4　온순한 혀는 곧 생명 나무이지만 패역한 혀는 마음을 상하게 하느니라

5　아비의 훈계를 업신여기는 자는 미련한 자요 경계를 받는 자는 슬기를 얻을 자니라

6　의인의 집에는 많은 보물이 있어도 악인의 소득은 고통이 되느니라

7　지혜로운 자의 입술은 지식을 전파하여도 미련한 자의 마음은 정함이 없느니라

8　악인의 제사는 여호와께서 미워하셔도 정직한 자의 기도는 그가 기뻐하시느니라

9　악인의 길은 여호와께서 미워하셔도 공의를 따라가는 자는 그가 사랑하시느니라

10　도를 배반하는 자는 엄한 징계를 받을 것이요 견책을 싫어하는 자는 죽을 것이니라

11　스올과 ¹⁾아바돈도 여호와의 앞에 드러나거든 하물며 사람의 마음이리요

12　거만한 자는 견책 받기를 좋아하지 아니하며 지혜 있는 자에게로 가지도 아니하느니라

13　마음의 즐거움은 얼굴을 빛나게 하여도 마음의 근심은 심령을 상하게 하느니라

14　명철한 자의 마음은 지식을 요구하고 미련한 자의 입은 미련한 것을 즐기느니라

15　고난 받는 자는 그 날이 다 험악하나 마음이 즐거운 자는 항상 잔치하느니라

</td><td valign="top">

第15章

1　柔らかな応答は憤りを静め／傷つける言葉は怒りをあおる。

2　知恵ある人の舌は知識を明らかに示し／愚か者の口は無知を注ぎ出す。

3　どこにも主の目は注がれ／善人をも悪人をも見ておられる。

4　癒しをもたらす舌は命の木。／よこしまな舌は気力を砕く。

5　無知な者は父の諭しをないがしろにする。／懲らしめを守る人は賢明さを増す。

6　神に従う人の家には多くの蓄えがある。／神に逆らう者は収穫のときにも煩いがある。

7　知恵ある人の唇は知識をふりまく。／愚か者の心は定まらない。

8　主は逆らう者のいけにえをいとい／正しい人の祈りを喜び迎えられる。

9　主は逆らう者の道をいとい／従うことを求める人を愛される。

10　道を捨てる者は諭しを不快に思う。／懲らしめを憎む者は死に至る。

11　陰府も滅びの国も主の御前にある。／人の子らの心はなおのこと。

12　不遜な者は懲らしめられることを嫌い／知恵ある人のもとに行こうとしない。

13　心に喜びを抱けば顔は明るくなり／心に痛みがあれば霊は沈みこむ。

14　聡明な心は知識を求め／愚か者の口は無知を友とする。

15　貧しい人の一生は災いが多いが／心が朗らかなら、常に宴会にひとしい。

</td></tr>
</table>

1) '죽음의 자리'라는 뜻

Chapter 15

第 15 章

The LORD Sees Everything

1 A kind answer soothes angry feelings,
but harsh words stir them up.

2 Words of wisdom come from the
wise, but fools speak foolishness.

3 The LORD sees everything,
whether good or bad.

4 Kind words are good medicine, but
deceitful words can really hurt.

5 Don't be a fool and disobey your
parents. Be smart! Accept correction.

6 Good people become wealthy,
but those who are evil will
lose what they have.

7 Words of wisdom make good
sense; the thoughts of a fool
make no sense at all.

8 The LORD is disgusted by gifts
from the wicked, but it makes him
happy when his people pray.

9 The LORD is disgusted with
all who do wrong, but he loves
everyone who does right.

10 If you turn from the right way,
you will be punished; if you
refuse correction, you will die.

11 If the LORD can see everything
in the world of the dead, he
can see in our hearts.

12 Those who sneer at others don't like
to be corrected, and they won't ask
help from someone with sense.

13 Happiness makes you smile;
sorrow can crush you.

14 Anyone with good sense is
eager to learn more, but fools
are hungry for foolishness.

15 The poor have a hard life, but being
content is as good as an endless feast.

1 温和的回答平息怒气；
粗暴的言语激起忿怒。

2 明智人开口引发智慧；
愚昧人发言都是废话。

3 上主的眼睛明察秋毫；
行为好坏，他都鉴察。

4 温和的言语充满生机；
歪曲的口舌使人丧志。

5 愚拙人藐视父亲的训诲；
精明人接受父亲的管教。

6 正直人家产丰富；
邪恶人的结局是祸患。

7 明智人传播知识；
愚妄人无能为力。

8 上主悦纳义人的祷告；
他厌恶邪恶人的祭物。

9 上主憎恨邪恶人的道路；
他喜爱追求正义的人。

10 为非作歹，将受严刑；
拒绝规劝，必然死亡。

11 阴间和冥府尚且在上主的鉴察下；
凡人的思想怎能向他隐瞒？

12 狂傲人不受规劝；
他不向明智人求教。

13 喜乐的人面带笑容；
悲愁的人神情颓丧。

14 聪明人求知心切；
愚蠢人安于无知。

15 苦恼的人日子难捱；
达观的人常怀喜乐。

16 가산이 적어도 여호와를 경외하는 것이
   크게 부하고 번뇌하는 것보다 나으니라

17 채소를 먹으며 서로 사랑하는 것이
   살진 소를 먹으며 서로 미워하는 것보다
   나으니라

18 분을 쉽게 내는 자는 다툼을 일으켜도
   노하기를 더디 하는 자는 시비를 그치게
   하느니라

19 게으른 자의 길은 가시 울타리 같으나
   정직한 자의 길은 대로니라

20 지혜로운 아들은 아비를 즐겁게 하여도
   미련한 자는 어미를 업신여기느니라

21 무지한 자는 미련한 것을 즐겨 하여도
   명철한 자는 그 길을 바르게 하느니라

22 의논이 없으면 경영이 무너지고 지략이
   많으면 경영이 성립하느니라

23 사람은 그 입의 대답으로 말미암아 기쁨을
   얻나니 때에 맞는 말이 얼마나 아름다운고

24 지혜로운 자는 위로 향한 생명 길로
   말미암음으로 그 아래에 있는 스올을
   떠나게 되느니라

25 여호와는 교만한 자의 집을 허시며 과부의
   지계를 정하시느니라

26 악한 꾀는 여호와께서 미워하시나 선한
   말은 정결하니라

27 이익을 탐하는 자는 자기 집을 해롭게 하나
   뇌물을 싫어하는 자는 살게 되느니라

28 의인의 마음은 대답할 말을 깊이
   생각하여도 악인의 입은 악을 쏟느니라

29 여호와는 악인을 멀리 하시고 의인의
   기도를 들으시느니라

30 눈이 밝은 것은 마음을 기쁘게 하고 좋은
   기별은 뼈를 윤택하게 하느니라

16 財宝を多く持って恐怖のうちにあるより
   は／乏しくても主を畏れる方がよい。

17 肥えた牛を食べて憎み合うよりは／青菜
   の食事で愛し合う方がよい。

18 激しやすい人はいさかいを引き起こし／
   忍耐深い人は争いを鎮める。

19 怠け者の道は茨にふさがれる。／正しい
   人の道は開かれている。

20 知恵ある子は父を喜ばせ／愚か者は母を
   侮る。

21 意志の弱い者には無知が喜びとなる。／
   英知ある人は歩みを正す。

22 相談しなければどんな計画も挫折する。
   ／参議が多ければ実現する。

23 正しく答える人には喜びがある。／時宜
   にかなった言葉はいかに良いものか。

24 目覚めている人には上への道があり／下
   の陰府を避けさせる。

25 主は傲慢な者の家を根こそぎにし／やも
   めの地境を固めてくださる。

26 悪意を主はいとい、親切な言葉を清いと
   される。

27 奪い取る者の家には煩いが多い。／賄賂
   を憎む者は命を得る。

28 神に従う心は思いめぐらして応答し／神
   に逆らう口は災いを吐く。

29 主は逆らう者に遠くいますが／従う者の
   祈りを聞いてくださる。

30 目に光を与えるものは心をも喜ばせ／良
   い知らせは骨を潤す。

16 It's better to obey the LORD and
have only a little, than to be very
rich and terribly confused.

17 A simple meal with love is better
than a feast where there is hatred.

18 Losing your temper causes
a lot of trouble, but staying
calm settles arguments.

19 Being lazy is like walking in a thorn
patch, but everyone who does
right walks on a smooth road.

20 Children with good sense make
their parents happy, but foolish
children are hateful to them.

21 Stupidity brings happiness to
senseless fools, but everyone with
good sense follows the straight path.

22 Without good advice everything
goes wrong— it takes careful
planning for things to go right.

23 Giving the right answer at the right
time makes everyone happy.

24 All who are wise follow a
road that leads upward to life
and away from death.

25 The LORD destroys the homes
of those who are proud, but he
protects the property of widows.

26 The LORD hates evil thoughts,
but kind words please him.

27 Being greedy causes trouble
for your family, but you protect
yourself by refusing bribes.

28 Good people think before they
answer, but the wicked speak
evil without ever thinking.

29 The LORD never even hears the
prayers of the wicked, but he answers
the prayers of all who obey him.

30 A friendly smile makes you happy,
and good news makes you feel strong.

16 宁愿穷困而敬畏上主，
胜过富有而诸多烦恼。

17 素菜淡饭而彼此相爱，
胜过酒肉满桌而彼此相恨。

18 脾气急躁，招惹纷争；
性情容忍，培植和平。

19 懒惰人遍地荆棘；
诚实人海阔天空。

20 明智的儿子使父亲欣慰；
愚拙的儿子藐视母亲。

21 无知的人以愚拙为乐；
明智的人依正直行事。

22 集思广益，事必有成；
不加筹划，事必失败。

23 发言中肯何等喜乐；
说话合宜多么佳美。

24 明智人走上生命道路，
远离坠入阴间的途径。

25 上主要拆毁狂傲人的房屋；
他要保护寡妇的家业。

26 上主憎恨邪恶的思想；
他却悦纳纯洁的言语。

27 贪图不义之财，危害家室；
拒绝贿赂，得享长寿。

28 正直人三思而后回答；
邪恶人口吐恶言而惹祸。

29 上主垂听正直人的祷告；
他不理会邪恶人。

30 笑逐颜开使人喜乐；
喜讯使人心旷神怡。

31 생명의 경계를 듣는 귀는 지혜로운 자
　가운데에 있느니라

32 훈계 받기를 싫어하는 자는 자기의 영혼을
　경히 여김이라 견책을 달게 받는 자는
　지식을 얻느니라

33 여호와를 경외하는 것은 지혜의 훈계라
　겸손은 존귀의 길잡이니라

31 命を与える懲らしめに聞き従う耳は／知
　恵ある人の中に宿る。

32 諭しをなおざりにする者は魂を無視する
　者。／懲らしめに聞き従う人は心を得
　る。

33 主を畏れることは諭しと知恵。／名誉に
　先立つのは謙遜。

31 Healthy correction is good, and if you accept it, you will be wise.

32 You hurt only yourself by rejecting instruction, but it makes good sense to accept it.

33 Showing respect to the LORD will make you wise, and being humble will bring honor to you.

31 留心规劝的话就是明智。

32 拒绝管教等于伤害自己；
   听从规劝便是求取智慧。

33 敬畏上主等于上智慧课；
   要得荣誉须先学习谦卑。

제 16 장

1 마음의 경영은 사람에게 있어도 말의
응답은 여호와께로부터 나오느니라
2 사람의 행위가 자기 보기에는
모두 깨끗하여도 여호와는 심령을
감찰하시느니라
3 너의 행사를 여호와께 맡기라 그리하면
네가 경영하는 것이 이루어지리라
4 여호와께서 온갖 것을 1)그 쓰임에 적당하게
지으셨나니 악인도 악한 날에 적당하게
하셨느니라
5 무릇 마음이 교만한 자를 여호와께서
미워하시나니 2)피차 손을 잡을지라도 벌을
면하지 못하리라
6 인자와 진리로 인하여 죄악이 속하게 되고
여호와를 경외함으로 말미암아 악에서
떠나게 되느니라
7 사람의 행위가 여호와를 기쁘시게 하면
그 사람의 원수라도 그와 더불어 화목하게
하시느니라
8 적은 소득이 공의를 겸하면 많은 소득이
불의를 겸한 것보다 나으니라
9 사람이 마음으로 자기의 길을 계획할지라도
그의 걸음을 인도하시는 이는 여호와시니라
10 하나님의 말씀이 왕의 입술에 있은즉
재판할 때에 그의 입이 그르치지
아니하리라
11 공평한 저울과 접시 저울은 여호와의
것이요 주머니 속의 저울추도 다 그가
지으신 것이니라
12 악을 행하는 것은 왕들이 미워할 바니 이는
그 보좌가 공의로 말미암아 굳게 섬이니라
13 의로운 입술은 왕들이 기뻐하는 것이요
정직하게 말하는 자는 그들의 사랑을
입느니라
14 왕의 진노는 죽음의 사자들과 같아도
지혜로운 사람은 그것을 쉬게 하리라
15 왕의 희색은 생명을 뜻하나니 그의 은택이
3)늦은 비를 내리는 구름과 같으니라

1) 주의
2) 정녕히
3) 봄비

第16章

1 人間は心構えをする。／主が舌に答える
べきことを与えてくださる。
2 人間の道は自分の目に清く見えるが／主
はその精神を調べられる。
3 あなたの業を主にゆだねれば／計らうこ
とは固く立つ。
4 主は御旨にそってすべての事をされる。
／逆らう者をも災いの日のために造られ
る。
5 すべて高慢な心を主はいとわれる。／子
孫は罪なしとされることはない。
6 慈しみとまことは罪を贖う。／主を畏れ
れば悪を避けることができる。
7 主に喜ばれる道を歩む人を／主は敵と和
解させてくださる。
8 稼ぎが多くても正義に反するよりは／僅
かなもので恵みの業をする方が幸い。
9 人間の心は自分の道を計画する。／主が
一歩一歩を備えてくださる。
10 王の唇には魔力がある。／彼の口が裁き
において誤ることはない。
11 公正な天秤、公正な秤は主のもの。／袋
のおもり石も主の造られたもの。
12 神に逆らうことを王はいとわなければな
らない。／神に従えば王座は堅く立つ。
13 正しいことを語る唇を王は喜び迎え／
正直に語る人を愛する。
14 王の怒りは死の使い。／それをなだめる
のは知恵ある人。
15 王の顔の輝きは命を与える。／彼の好意
は春の雨をもたらす雲。

<table>
<tr><td valign="top" width="50%">

Chapter 16

The LORD Has the Final Word

1 We humans make plans, but the LORD has the final word.

2 We may think we know what is right, but the LORD is the judge of our motives.

3 Share your plans with the LORD, and you will succeed.

4 The LORD has a reason for everything he does, and he lets evil people live only to be punished.

5 The LORD doesn't like anyone who is conceited— you can be sure they will be punished.

6 If we truly love God, our sins will be forgiven; if we show him respect, we will keep away from sin.

7 When we please the LORD, even our enemies make friends with us.

8 It's better to be honest and poor than to be dishonest and rich.

9 We make our own plans, but the LORD decides where we will go.

10 Rulers speak with authority and are never wrong.

11 The LORD doesn't like it when we cheat in business.

12 Justice makes rulers powerful. They should hate evil

13 and like honesty and truth.

14 An angry ruler can put you to death. So be wise! Don't make one angry.

15 When a ruler is happy and pleased with you, it's like refreshing rain, and you will live.

</td><td valign="top" width="50%">

第 16 章

1 策划在人；
决断在乎上主【9】。

2 人以为自己所做的都对；
上主却审察他的动机。

3 把所筹划的事交托上主，
你就能够成功。

4 上主所造的一切各得其所；
邪恶人的结局就是灭亡。

5 上主厌恶狂傲的人；
他决不让他们逃避刑罚。

6 信实忠诚罪必蒙赦；
敬畏上主免受祸患。

7 行为若蒙上主喜悦，
仇敌也将成为朋友。

8 宁愿守信而收入少，
不愿背信而收入多。

9 策划在人；
但上主导引你的脚步。

10 君王的话有神的权威；
他的判断不致差错。

11 准确的天平属于上主；
公平的法码他所制定。

12 君王不能容忍邪恶【10】，
因政权靠正义坚立。

13 君王要听正直的话；
他喜爱说诚实话的人。

14 明智人使君王欣慰；
他的烈怒能置人于死地。

15 君王的恩宠如云带来春雨；
他的和颜悦色使人有生命。

</td></tr>
</table>

【9】「决断在乎上主」或译「上帝感动我们的话」。
【10】「君王……邪恶」或译「君王作恶是不可容忍的」。

16 지혜를 얻는 것이 금을 얻는 것보다 얼마나 나은고 명철을 얻는 것이 은을 얻는 것보다 더욱 나으니라

17 악을 떠나는 것은 정직한 사람의 대로이니 자기의 길을 지키는 자는 자기의 영혼을 보전하느니라

18 교만은 패망의 선봉이요 거만한 마음은 넘어짐의 앞잡이니라

19 겸손한 자와 함께 하여 마음을 낮추는 것이 교만한 자와 함께 하여 탈취물을 나누는 것보다 나으니라

20 삼가 4)말씀에 주의하는 자는 좋은 것을 얻나니 여호와를 의지하는 자는 복이 있느니라

21 마음이 지혜로운 자는 명철하다 일컬음을 받고 입이 선한 자는 남의 학식을 더하게 하느니라

22 명철한 자에게는 그 명철이 생명의 샘이 되거니와 미련한 자에게는 그 미련한 것이 징계가 되느니라

23 지혜로운 자의 마음은 그의 입을 슬기롭게 하고 또 그의 5)입술에 지식을 더하느니라

24 선한 말은 꿀송이 같아서 마음에 달고 뼈에 양약이 되느니라

25 어떤 길은 사람이 보기에 바르나 필경은 사망의 길이니라

26 고되게 일하는 자는 식욕으로 말미암아 애쓰나니 이는 그의 입이 자기를 독촉함이니라

27 불량한 자는 악을 꾀하나니 그 입술에는 맹렬한 불 같은 것이 있느니라

28 패역한 자는 다툼을 일으키고 말쟁이는 친한 벗을 이간하느니라

29 강포한 사람은 그 이웃을 꾀어 좋지 아니한 길로 인도하느니라

30 눈짓을 하는 자는 패역한 일을 도모하며 입술을 닫는 자는 악한 일을 이루느니라

31 백발은 영화의 면류관이라 공의로운 길에서 얻으리라

32 노하기를 더디하는 자는 용사보다 낫고 자기의 마음을 다스리는 자는 성을 빼앗는 자보다 나으니라

33 제비는 사람이 뽑으나 모든 일을 작정하기는 여호와께 있느니라

16 知恵を得ることは金にまさり／分別を得ることは銀よりも望ましい。

17 正しい人の道は悪を避けて通っている。／魂を守る者はその道を守る。

18 痛手に先立つのは驕り。／つまずきに先立つのは高慢な霊。

19 貧しい人と共に心を低くしている方が／傲慢な者と分捕り物を分け合うよりよい。

20 何事にも目覚めている人は恵みを得る。／主に依り頼むことが彼の幸い。

21 心に知恵ある人は聡明な人と呼ばれる。／優しく語る唇は説得力を増す。

22 見識ある人にはその見識が命の泉となる。／無知な者には無知が諭しとなる。

23 知恵ある心は口の言葉を成功させ／その唇に説得力を加える。

24 親切な言葉は蜜の滴り。／魂に甘く、骨を癒す。

25 人間の前途がまっすぐなようでも／果ては死への道となることがある。

26 労苦する者を労苦させるのは欲望だ。／口が彼を駆り立てる。

27 ならず者は災いの炉、その唇には燃えさかる火。

28 暴言をはく者はいさかいを起こさせる。／陰口は友情を裂く。

29 不法を行う者はその友を惑わして／良くない道を行かせる。

30 人は目を閉じて暴言を考え出し／悪を果たして口をすぼめる。

31 白髪は輝く冠、神に従う道に見いだされる。

32 忍耐は力の強さにまさる。／自制の力は町を占領するにまさる。

33 くじは膝の上に投げるが／ふさわしい定めはすべて主から与えられる。

---

4) 일을 처리하는 자는
5) 입술로

16 It's much better to be wise and sensible than to be rich.

17 God's people avoid evil ways, and they protect themselves by watching where they go.

18 Too much pride will destroy you.

19 You are better off to be humble and poor than to get rich from what you take by force.

20 If you know what you're doing,[e] you will prosper. God blesses everyone who trusts him.

21 Good judgment proves that you are wise, and if you speak kindly, you can teach others.

22 Good sense is a fountain that gives life, but fools are punished by their foolishness.

23 You can persuade others if you are wise and speak sensibly.

24 Kind words are like honey— they cheer you up and make you feel strong.

25 Sometimes what seems right is really a road to death.

26 The hungrier you are, the harder you work.

27 Worthless people plan trouble. Even their words burn like a flaming fire.

28 Gossip is no good! It causes hard feelings and comes between friends.

29 Don't trust violent people. They will mislead you to do the wrong thing.

30 When someone winks or grins behind your back, trouble is on the way.

31 Gray hair is a glorious crown worn by those who have lived right.

32 Controlling your temper is better than being a hero who captures a city.

33 We make our own decisions, but the LORD alone determines what happens.

16 智慧胜过精金；
知识强如纯银。

17 正直人的道路远离邪恶；
谨慎走正路，生命得保全。

18 骄傲导向灭亡；
傲慢必然衰败。

19 存心谦卑跟穷人来往，
胜过跟狂妄人均分赃物。

20 留心训诲，受益无穷；
信赖上主，福乐永享。

21 明智人以通达见称；
说话越温雅，说服力越强。

22 聪明人以智慧为生命泉源；
教导愚昧人，功效全无。

23 明智人三思而后言；
他的话更具说服力。

24 恳切的话有如蜂蜜，
使心灵愉快，身体健壮。

25 有些道路看来正直，
却是导向死亡之途。

26 为满足胃口，劳工必须工作；
因口腹需要，工人不敢懒惰。

27 无赖汉图谋害人，
他的言语像焚烧的火。

28 危言耸听，制造纷争；
搬弄是非，破坏友谊。

29 强暴人欺骗邻舍；
他领人走上邪路。

30 挤眉弄眼的人心术不正；
紧咬着嘴唇的人图谋坏事。

31 白发是尊荣的华冠，
是行为正直之人的善报。

32 忍耐胜过威力；
自制强如夺城。

33 人尽管抽签问卜，
但决断在乎上主。

---

e) know what. . . doing: Or "do what you're taught."

제 17 장

1 마른 떡 한 조각만 있고도 화목하는 것이
제육이 집에 가득하고도 다투는 것보다
나으니라

2 슬기로운 종은 부끄러운 짓을 하는 주인의
아들을 다스리겠고 또 형제들 중에서
유업을 나누어 얻으리라

3 도가니는 은을, 풀무는 금을 연단하거니와
여호와는 마음을 연단하시느니라

4 악을 행하는 자는 사악한 입술이 하는 말을
잘 듣고 거짓말을 하는 자는 악한 혀가 하는
말에 귀를 기울이느니라

5 가난한 자를 조롱하는 자는 그를 지으신
주를 멸시하는 자요 사람의 재앙을
기뻐하는 자는 형벌을 면하지 못할 자니라

6 손자는 노인의 면류관이요 아비는 자식의
영화니라

7 지나친 말을 하는 것도 미련한 자에게
합당하지 아니하거든 하물며 거짓말을 하는
것이 존귀한 자에게 합당하겠느냐

8 뇌물은 그 임자가 보기에 보석 같은즉 그가
어디로 향하든지 형통하게 하느니라

9 허물을 덮어 주는 자는 사랑을 구하는
자요 그것을 거듭 말하는 자는 친한 벗을
이간하는 자니라

10 한 마디 말로 총명한 자에게 충고하는 것이
매 백 대로 미련한 자를 때리는 것보다 더욱
깊이 박히느니라

11 악한 자는 반역만 힘쓰나니 그러므로
그에게 잔인한 사자가 보냄을 받으리라

12 차라리 새끼 빼앗긴 암곰을 만날지언정
미련한 일을 행하는 미련한 자를 만나지 말
것이니라

13 누구든지 악으로 선을 갚으면 악이 그 집을
떠나지 아니하리라

14 다투는 시작은 둑에서 물이 새는 것
같은즉 싸움이 일어나기 전에 시비를 그칠
것이니라

第17章

1 乾いたパンの一片しかなくとも平安があ
れば／いけにえの肉で家を満たして争う
よりよい。

2 成功をもたらす僕は恥をもたらす息子を
支配し／その兄弟と共に嗣業の分配にあ
ずかる。

3 銀にはるつぼ、金には炉、心を試すのは
主。

4 悪事をはたらく者は悪の唇に耳を傾け／
偽る者は滅亡の舌に耳を向ける。

5 貧しい人を嘲る者は造り主をみくびる
者。／災いのときに喜ぶ者は赦されな
い。

6 孫は老人の冠、子らは父の輝き。

7 高尚な唇は神を知らぬ者にふさわしくな
い。／うそをつく唇は高貴な者に一層ふ
さわしくない。

8 賄賂は贈り主にとって美しい宝石。／贈
ればどこであろうと成功する。

9 愛を求める人は罪を覆う。／前言を翻す
者は友情を裂く。

10 理解力ある人を一度叱責する方が／愚か
者を百度打つよりも効き目がある。

11 悪人は逆らうことのみ求める。／彼には
仮借ない使者が送られるであろう。

12 子を奪われた熊に遭う方が／愚か者の無
知に会うよりましだ。

13 悪をもって善に報いるなら／家から災難
は絶えない。

14 いさかいの始めは水の漏り始め。／裁判
沙汰にならぬうちにやめておくがよい。

Chapter 17

Our Thoughts Are Tested by the LORD

1 A dry crust of bread eaten in peace
and quiet is better than a feast
eaten where everyone argues.

2 A hard-working slave will be placed
in charge of a no-good child, and
that slave will be given the same
inheritance that each child receives.

3 Silver and gold are tested by
flames of fire; our thoughts
are tested by the LORD.

4 Troublemakers listen to
troublemakers, and liars listen to liars.

5 By insulting the poor, you insult your
Creator. You will be punished if you
make fun of someone in trouble.

6 Grandparents are proud of their
grandchildren, and children should
be proud of their parents.

7 It sounds strange for a fool
to talk sensibly, but it's even
worse for a ruler to tell lies.

8 A bribe works miracles like a magic
charm that brings good luck.

9 You will keep your friends if you
forgive them, but you will lose
your friends if you keep talking
about what they did wrong.

10 A sensible person accepts correction,
but you can't beat sense into a fool.

11 Cruel people want to rebel,
and so vicious attackers will
be sent against them.

12 A bear robbed of her cubs is far less
dangerous than a stubborn fool.

13 You will always have trouble if you are
mean to those who are good to you.

14 The start of an argument is like
a water leak— so stop it before
real trouble breaks out.

第 17 章

1　吃一块硬饼干而心安理得，
胜过满桌酒肉而相争相吵。

2　精明的仆人要管辖主人的不肖儿子，
且要一同继承主人的产业。

3　金银受炉火锻炼；
人心被上主考验。

4　作恶的人听信邪僻的话；
撒谎的人爱听欺诈的话。

5　嘲笑穷人是侮辱他的创造主；
幸灾乐祸难免要受惩罚。

6　老人以子孙为华冠；
儿女以父亲为光荣。

7　愚蠢人说温雅的话原不相称；
地位崇高的人撒谎更不相宜。

8　有人视贿赂为万能，
以为一切图谋都可奏效。

9　宽恕别人过错的，得人喜爱；
不忘旧恨的，破坏友谊。

10　对明智人讲一句责备的话，
比责打愚昧人一百下更有功效。

11　邪恶人专做坏事；
死亡将如残酷的使者临到他。

12　宁可遇见失掉幼子的熊，
不愿碰见胡作妄为的愚妄人。

13　以恶报善的人
祸患永不离家门。

14　争论的开始如水决堤，
先行制止才不至于泛滥。

15 악인을 의롭다 하고 의인을 악하다 하는 이 두 사람은 다 여호와께 미움을 받느니라

16 미련한 자는 무지하거늘 손에 값을 가지고 지혜를 사려 함은 어찜인고

17 친구는 사랑이 끊어지지 아니하고 형제는 위급한 때를 위하여 났느니라

18 지혜 없는 자는 남의 손을 잡고 그의 이웃 앞에서 보증이 되느니라

19 다툼을 좋아하는 자는 죄과를 좋아하는 자요 자기 문을 높이는 자는 파괴를 구하는 자니라

20 마음이 굽은 자는 복을 얻지 못하고 혀가 패역한 자는 재앙에 빠지느니라

21 미련한 자를 낳는 자는 근심을 당하나니 미련한 자의 아비는 낙이 없느니라

22 마음의 즐거움은 양약이라도 심령의 근심은 뼈를 마르게 하느니라

23 악인은 사람의 품에서 뇌물을 받고 재판을 굽게 하느니라

24 지혜는 명철한 자 앞에 있거늘 미련한 자는 눈을 땅 끝에 두느니라

25 미련한 아들은 그 아비의 근심이 되고 그 어미의 고통이 되느니라

26 의인을 벌하는 것과 귀인을 정직하다고 때리는 것은 선하지 못하니라

27 말을 아끼는 자는 지식이 있고 성품이 냉철한 자는 명철하니라

28 미련한 자라도 잠잠하면 지혜로운 자로 여겨지고 그의 입술을 닫으면 슬기로운 자로 여겨지느니라

15 悪い者を正しいとすることも／正しい人を悪いとすることも／ともに、主のいとわれることである。

16 愚か者が代金を手にしているのは何のためか。／知恵を買おうにも、心がないではないか。

17 どのようなときにも、友を愛すれば／苦難のときの兄弟が生まれる。

18 意志の弱い者は手を打って誓い／その友のために証人となる。

19 罪を愛する者は争いを愛する。／戸口を高く開く者は破れを招く。

20 心の曲がった者は幸いを受けない。／舌をもって欺く者は災難に陥る。

21 愚か者を生めば悲しみがあり／神を知らない者の父に喜びはない。

22 喜びを抱く心はからだを養うが／霊が沈みこんでいると骨まで枯れる。

23 神に逆らう者は人のふところから賄賂を取り／裁きの道を曲げる。

24 分別のある人は顔を知恵に向け／愚か者は目を地の果てに向ける。

25 愚かな息子は父の悩みとなり／産んだ母の苦しみとなる。

26 神に従う人に罰を科したり／高貴な人をその正しさのゆえに打つのは／いずれも良いことではない。

27 口数を制する人は知識をわきまえた人。／冷静な人には英知がある。

28 無知な者も黙っていれば知恵があると思われ／唇を閉じれば聡明だと思われる。

15 The LORD doesn't like those
who defend the guilty or
condemn the innocent.

16 Why should fools have money for an
education when they refuse to learn?

17 A friend is always a friend, and
relatives are born to share our troubles.

18 It's stupid to guarantee
someone else's loan.

19 The wicked and the proud love
trouble and keep begging to be hurt.

20 Dishonesty does you no good, and
telling lies will get you in trouble.

21 It's never pleasant to be the parent of
a fool and have nothing but pain.

22 If you are cheerful, you feel good;
if you are sad, you hurt all over.

23 Crooks accept secret bribes to
keep justice from being done.

24 Anyone with wisdom knows what
makes good sense, but fools can
never make up their minds.

25 Foolish children bring sorrow to their
father and pain to their mother.

26 It isn't fair to punish the innocent
and those who do right.

27 It makes a lot of sense to be a person
of few words and to stay calm.

28 Even fools seem smart
when they are quiet.

15 姑息邪恶，惩罚无辜，
二者都为上主所憎恨。

16 愚昧人有钱毫无用处；
他不晓得用钱换取智慧。

17 朋友在乎时常关怀；
亲人在乎分担忧患。

18 只有无知的人
才为邻人作保。

19 爱犯罪的人喜欢纷争；
爱夸张的人【11】自招祸患。

20 心思邪恶的人得不到好处；
言语荒谬的人常遭遇灾难。

21 生子愚拙使父亲忧虑；
呆儿子使父亲无乐趣可言。

22 喜乐如良药使人健康；
忧愁如恶疾致人死亡。

23 腐败的法官接受贿赂；
他使正义得不到伸张。

24 聪明人作事明智；
愚昧人永远拿不定主意。

25 愚拙的儿子使父亲忧伤；
他也使母亲愁苦。

26 惩罚无辜不宜；
责打善人不义。

27 明智的人沉默寡言；
通达的人心平气和。

28 愚拙人缄口也算聪明；
他默不作声就是智慧。

【11】「爱夸张的人」或译「炫耀财富的人」。

제 18 장

1 무리에게서 스스로 갈라지는 자는 자기
　소욕을 따르는 자라 온갖 참 지혜를
　배척하느니라

2 미련한 자는 명철을 기뻐하지 아니하고
　자기의 의사를 드러내기만 기뻐하느니라

3 악한 자가 이를 때에는 멸시도 따라오고
　부끄러운 것이 이를 때에는 능욕도 함께
　오느니라

4 명철한 사람의 입의 말은 깊은 물과 같고
　지혜의 샘은 솟구쳐 흐르는 내와 같으니라

5 악인을 두둔하는 것과 재판할 때에 의인을
　억울하게 하는 것이 선하지 아니하니라

6 미련한 자의 입술은 다툼을 일으키고 그의
　입은 매를 자청하느니라

7 미련한 자의 입은 그의 멸망이 되고 그의
　입술은 그의 영혼의 그물이 되느니라

8 남의 말하기를 좋아하는 자의 말은 별식과
　같아서 뱃속 깊은 데로 내려가느니라

9 자기의 일을 게을리하는 자는 패가하는
　자의 형제니라

10 여호와의 이름은 견고한 망대라 의인은
　그리로 달려가서 안전함을 얻느니라

11 부자의 재물은 그의 견고한 성이라 그가
　높은 성벽 같이 여기느니라

12 사람의 마음의 교만은 멸망의 선봉이요
　겸손은 존귀의 길잡이니라

13 사연을 듣기 전에 대답하는 자는 미련하여
　욕을 당하느니라

14 사람의 심령은 그의 병을 능히 이기려니와
　심령이 상하면 그것을 누가 1)일으키겠느냐

15 명철한 자의 마음은 지식을 얻고 지혜로운
　자의 귀는 지식을 구하느니라

第18章

1 離反する者は自分の欲望のみ追求する
　者。／その事は、どんなに巧みにやって
　もすぐ知れる。

2 愚か者は英知を喜ばず／自分の心をさら
　け出すことを喜ぶ。

3 神に逆らうことには侮りが伴い／軽蔑と
　共に恥辱が来る。

4 人の口の言葉は深い水。／知恵の源から
　大河のように流れ出る。

5 神に従う人を裁きの座で押しのけ／神に
　逆らう人をひいきするのは良くない。

6 愚か者の唇は争いをもたらし、口は殴打
　を招く。

7 愚か者の口は破滅を／唇は罠を自分の魂
　にもたらす。

8 陰口は食べ物のように呑み込まれ／腹の
　隅々に下って行く。

9 仕事に手抜きする者は／それを破壊する
　者の兄弟だ。

10 主の御名は力の塔。／神に従う人はそこ
　に走り寄り、高く上げられる。

11 財産は金持ちの砦、自分の彫像のそびえ
　る城壁。

12 破滅に先立つのは心の驕り。／名誉に先
　立つのは謙遜。

13 聞き従う前に口答えをする者／無知と恥
　は彼のため。

14 人の霊は病にも耐える力があるが／沈み
　こんだ霊を誰が支えることができよう。

15 聡明な心は知識を獲得する。／知恵ある
　耳は知識を追求する。

---

1) 견디겠느냐

Chapter 18   第 18 章

It's Wrong to Favor the Guilty

1 It's selfish and stupid to think
only of yourself and to sneer
at people who have sense.[f]

2 Fools have no desire to learn;
they would much rather
give their own opinion.

3 Wrongdoing leads to
shame and disgrace.

4 Words of wisdom are a stream
that flows from a deep fountain.

5 It's wrong to favor the guilty and keep
the innocent from getting justice.

6 Foolish talk will get you
into a lot of trouble.

7 Saying foolish things is like setting
a trap to destroy yourself.

8 There's nothing so delicious as the
taste of gossip! It melts in your mouth.

9 Being lazy is no different from
being a troublemaker.

10 The LORD is a mighty tower where
his people can run for safety —

11 the rich think their money
is a wall of protection.

12 Pride leads to destruction;
humility leads to honor.

13 It's stupid and embarrassing to
give an answer before you listen.

14 Being cheerful helps when we are sick,
but nothing helps when we give up.

15 Everyone with good sense
wants to learn.

---

1 与人寡合的人只关心自己；
人以为对的事，他总要反对。

2 愚蠢人不管自己是否有真知灼见；
他只喜欢在人前自我表现。

3 邪恶跟傲慢并肩同行；
侮辱跟无耻形影不离。

4 人的言语能成为智慧的源头，
深如海洋，清如流泉。

5 纵容邪恶不义；
冤枉无辜不公。

6 愚昧人开口启争端；
他一说话就捱打。

7 愚昧人的口使自己败落；
他的嘴唇是自己的陷阱。

8 闲话有如珍馐美味，
一进口就吞下去。

9 懒惰跟败坏无异难兄难弟。

10 上主如坚固堡垒，
义人投靠都得安全。

11 有钱人以财富为城墙，
以为它又高又牢，能够保护自己。

12 自谦的人得光荣；
狂傲的人招毁灭。

13 不先倾听就抢着回答
就是愚蠢羞辱。

14 求生的意志使人忍受病痛；
意志消沉，希望也跟着丧失。

15 明智人的心渴慕知识；
聪明人的耳倾听智言。

---

f) sense: One possible meaning for the
difficult Hebrew text of verse 1.

16 사람의 선물은 그의 길을 넓게 하며 또
　　존귀한 자 앞으로 그를 인도하느니라

17 송사에서는 먼저 온 사람의 말이 바른 것
　　같으나 그의 상대자가 와서 밝히느니라

18 제비 뽑는 것은 다툼을 그치게 하여 강한 자
　　사이에 해결하게 하느니라

19 노엽게 한 형제와 화목하기가 견고한 성을
　　취하기보다 어려운즉 이러한 다툼은 산성
　　문빗장 같으니라

20 사람은 입에서 나오는 열매로 말미암아
　　배부르게 되나니 곧 그의 입술에서 나는
　　것으로 말미암아 만족하게 되느니라

21 죽고 사는 것이 혀의 힘에 달렸나니 혀를
　　쓰기 좋아하는 자는 혀의 열매를 먹으리라

22 아내를 얻는 자는 복을 얻고 여호와께
　　은총을 받는 자니라

23 가난한 자는 간절한 말로 구하여도 부자는
　　엄한 말로 대답하느니라

24 2)많은 친구를 얻는 자는 해를 당하게
　　되거니와 어떤 친구는 형제보다 친밀하니라

16 贈り物をすれば人の前途は開け／えらい
　　人の前に彼を導く。

17 訴えごとを最初に出す人は正しく見える
　　が／相手方が登場すれば問いただされる
　　であろう。

18 くじはいさかいを鎮め／手ごわい者どう
　　しも引き分ける。

19 一度背かれれば、兄弟は砦のように／い
　　さかいをすれば、城のかんぬきのように
　　なる。

20 人は口の結ぶ実によって腹を満たし／唇
　　のもたらすものによって飽き足りる。

21 死も生も舌の力に支配される。／舌を愛
　　する者はその実りを食らう。

22 妻を得るものは恵みを得る。／主に喜び
　　迎えられる。

23 物乞いをする者は哀願し／金持ちは横柄
　　に答える。

24 友の振りをする友もあり／兄弟よりも愛
　　し、親密になる人もある。

2) 해를 끼치는 친구들이 있으나

16 A gift will get you in to see anyone.

17 You may think you have won your case in court, until your opponent speaks.

18 Drawing straws is one way to settle a difficult case.

19 Making up with a friend you have offended[g] is harder than breaking through a city wall.

20 Make your words good— you will be glad you did.

21 Words can bring death or life! Talk too much, and you will eat everything you say.

22 A man's greatest treasure is his wife— she is a gift from the LORD.

23 The poor must beg for help, but the rich can give a harsh reply.

24 Some friends don't help,[h] but a true friend is closer than your own family.

16 礼物开方便之门，
　　引你晋见重要人物。

17 先诉说情由的，似乎有理，
　　只怕经不起对方的质问。

18 两个权贵在法庭上争讼，
　　只好藉抽签解除纠纷。

19 帮助亲人，他将如坚固城墙卫护你；
　　跟他争吵，他将拒你以闭门羹。

20 你的话句句有后果；
　　你可能倚赖它为生。

21 你的话可保命，也可丧生；
　　信口开河，后果由你自取。

22 娶得贤妻幸福无穷；
　　上主恩眷于此可见。

23 贫穷人的恳求低声下气；
　　有钱人的回答声色俱厉。

24 泛泛的伙伴情薄似纸；
　　深交的朋友亲逾骨肉。

---

g) Making. . . offended: One possible meaning for the difficult Hebrew text.

h) Some. . . help: One possible meaning for the difficult Hebrew text.

제 19 장

1 가난하여도 성실하게 행하는 자는 입술이 패역하고 미련한 자보다 나으니라

2 지식 없는 소원은 선하지 못하고 발이 급한 사람은 잘못 가느니라

3 사람이 미련하므로 자기 길을 굽게 하고 마음으로 여호와를 원망하느니라

4 재물은 많은 친구를 더하게 하나 가난한즉 친구가 끊어지느니라

5 거짓 증인은 벌을 면하지 못할 것이요 거짓말을 하는 자도 피하지 못하리라

6 너그러운 사람에게는 은혜를 구하는 자가 많고 선물 주기를 좋아하는 자에게는 사람마다 친구가 되느니라

7 가난한 자는 그의 형제들에게도 미움을 받거든 하물며 친구야 그를 멀리 하지 아니하겠느냐 따라가며 말하려 할지라도 그들이 없어졌으리라

8 지혜를 얻는 자는 자기 영혼을 사랑하고 명철을 지키는 자는 복을 얻느니라

9 거짓 증인은 벌을 면하지 못할 것이요 거짓말을 뱉는 자는 망할 것이니라

10 미련한 자가 사치하는 것이 적당하지 못하거든 하물며 종이 방백을 다스림이랴

11 노하기를 더디 하는 것이 사람의 슬기요 허물을 용서하는 것이 자기의 영광이니라

12 왕의 노함은 사자의 부르짖음 같고 그의 은택은 풀 위의 이슬 같으니라

13 미련한 아들은 그의 아비의 재앙이요 다투는 아내는 이어 떨어지는 물방울이니라

14 집과 재물은 조상에게서 상속하거니와 슬기로운 아내는 여호와께로서 말미암느니라

15 게으름이 사람으로 깊이 잠들게 하나니 태만한 사람은 주릴 것이니라

第19章

1 貧乏でも、完全な道を歩む人は／唇の曲がった愚か者よりも幸いだ。

2 知識がなければ欲しても不毛だ。／あまり足を急がせると過ちを犯す。

3 人は無知によって自分の道を滅ぼす。／しかも主に対して心に憤りをもつ。

4 財産は友の数を増す。／弱者は友から引き離される。

5 うそをつく証人は罰を免れることはない。／欺きの発言をすれば逃げおおせることはない。

6 高貴な人の好意を求める者は多い。／贈り物をする人にはだれでも友になる。

7 実の兄弟も皆、貧しい人を憎む。／友達ならなお、彼を遠ざかる。／彼らは言っていることを実行しようとはしない。

8 心を得た人は自分の魂を愛する。／英知を守る人は幸いを見いだす。

9 うそをつく証人は罰を免れることはない。／欺きの発言をする者は滅びる。

10 愚か者に快楽はふさわしくない。／奴隷が君主を支配するのは、なおふさわしくない。

11 成功する人は忍耐する人。／背きを赦すことは人に輝きをそえる。

12 王の憤りは若獅子のうなり声。／王の好意は青草におく露。

13 愚かな息子は父の破滅。／いさかい好きな妻は滴り続けるしずく。

14 家と財産は先祖からの嗣業。／賢い妻は主からいただくもの。

15 怠惰は人を深い眠りに落とす。／怠けていれば飢える。

<table>
<tr><td>

Chapter 19

It's Wise To Be Patient

1 It's better to be poor and live
right than to be a stupid liar.

2 Willingness and stupidity don't
go well together. If you are too
eager, you will miss the road.

3 We are ruined by our own stupidity,
though we blame the LORD.

4 The rich have many friends;
the poor have none.

5 Dishonest witnesses and liars
won't escape punishment.

6 Everyone tries to be friends of
those who can help them.

7 If you are poor, your own relatives
reject you, and your friends are
worse. When you really need
them, they are not there.[i]

8 Do yourself a favor by having good
sense— you will be glad you did.

9 Dishonest witnesses and
liars will be destroyed.

10 It isn't right for a fool to live in luxury
or for a slave to rule in place of a king.

11 It's wise to be patient and show what
you are like by forgiving others.

12 An angry king roars like a lion,
but when a king is pleased,
it's like dew on the crops.

13 A foolish son brings disgrace to his
father. A nagging wife goes on and on
like the drip, drip, drip of the rain.

14 You may inherit all you own
from your parents, but a sensible
wife is a gift from the LORD.

15 If you are lazy and sleep your
time away, you will starve.

</td><td>

第 19 章

1 贫穷而正直，
胜过诡诈又愚蠢。

2 热情而无知不足取；
步伐急躁容易失足。

3 有人因自己的愚行毁了前途，
他反而心里埋怨上主。

4 有钱人随时有新朋友；
贫穷人连仅有的几个也保不住。

5 作假证的，要受责罚；
撒谎的，难逃惩戒。

6 地位崇高的，人人奉承；
好施舍的，人人谄媚。

7 贫穷人连亲人都厌弃他，
朋友更要疏远；
他寻找友谊，却无处可找。

8 追求知识就是自爱；
持守智慧，幸福无穷。

9 作假证的，难逃责罚；
说谎言的，必然灭亡。

10 愚蠢人生活奢侈不宜；
奴隶管辖主人不当。

11 明智人不轻易发怒；
不追究人的过失便是美德。

12 君王震怒像狮子吼叫；
他的恩泽如霖雨沛降。

13 愚蠢的儿子是父亲的灾祸；
争吵的妻子像雨滴漏不停。

14 人从父母承受房屋财产；
贤慧的妻子是上主所赐。

15 懒惰的人整天沉睡；
好闲的人必将捱饿。

</td></tr>
</table>

i) When. . . there: One possible meaning
for the difficult Hebrew text.

16 계명을 지키는 자는 자기의 영혼을 지키거니와 자기의 행실을 삼가지 아니하는 자는 죽으리라

17 가난한 자를 불쌍히 여기는 것은 여호와께 꾸어 드리는 것이니 그의 선행을 그에게 갚아 주시리라

18 네가 네 아들에게 희망이 있은즉 그를 징계하되 죽일 마음은 두지 말지니라

19 노하기를 맹렬히 하는 자는 벌을 받을 것이라 네가 그를 건져 주면 다시 그런 일이 생기리라

20 너는 권고를 들으며 훈계를 받으라 그리하면 네가 필경은 지혜롭게 되리라

21 사람의 마음에는 많은 계획이 있어도 오직 여호와의 뜻만이 완전히 서리라

22 1)사람은 자기의 인자함으로 남에게 사모함을 받느니라 가난한 자는 거짓말하는 자보다 나으니라

23 여호와를 경외하는 것은 사람으로 생명에 이르게 하는 것이라 경외하는 자는 족하게 지내고 재앙을 당하지 아니하느니라

24 게으른 자는 자기의 손을 그릇에 넣고서도 입으로 올리기를 괴로워하느니라

25 거만한 자를 때리라 그리하면 어리석은 자도 지혜를 얻으리라 명철한 자를 견책하라 그리하면 그가 지식을 얻으리라

26 아비를 구박하고 어미를 쫓아내는 자는 부끄러움을 끼치며 능욕을 부르는 자식이니라

27 내 아들아 지식의 말씀에서 떠나게 하는 교훈을 듣지 말지니라

28 망령된 증인은 정의를 업신여기고 악인의 입은 죄악을 삼키느니라

29 심판은 거만한 자를 위하여 예비된 것이요 채찍은 어리석은 자의 등을 위하여 예비된 것이니라

16 戒めを守る人は魂を守る。／自分の道を侮る者は死ぬ。

17 弱者を憐れむ人は主に貸す人。／その行いは必ず報いられる。

18 望みのあるうちに息子を諭せ。／死なせることを目指してはならない。

19 激しく憤る者は罰を受ける。／救おうとしても、あおるだけだ。

20 勧めに聞き従い、諭しを受け入れよ。／将来、知恵を得ることのできるように。

21 人の心には多くの計らいがある。／主の御旨のみが実現する。

22 欲望は人に恥をもたらす。／貧しい人は欺く者より幸い。

23 主を畏れれば命を得る。／満ち足りて眠りにつき／災難に襲われることはない。

24 怠け者は鉢に手を突っ込むが／口にその手を返すことすらしない。

25 不遜な者を打てば、浅はかな者は熟慮を得る。／聡明な人を懲らしめれば、知恵を見分ける。

26 父に暴力を振るい、母を追い出す者は／辱めと嘲りをもたらす子。

27 わが子よ、諭しに聞き従うことをやめるなら／知識の言葉からたちまち迷い出るであろう。

28 ならず者の証人は裁きを侮辱し／神に逆らう者の口は悪を呑み込む。

29 不遜な者に対しては罰が準備され／愚か者の背には鞭打ちが待っている。

---

1) 인자를 베푸는 것이 사람의 즐거움이니라

16 Obey the Lord's teachings and you will live— disobey and you will die.	16 遵守上帝法律，延年益寿； 违背上主道路，必然灭亡。
17 Caring for the poor is lending to the LORD, and you will be well repaid.	17 济助穷人等于借钱给上主； 他的善行，上主要偿还。
18 Correct your children before it's too late; if you don't punish them, you are destroying them.	18 趁儿女年幼可教时，应即时管教， 但不可过激，以致毁灭了他们。
19 People with bad tempers are always in trouble, and they need help over and over again.[j)	19 脾气急躁的人让他自食恶果； 你要帮他，对他反而有损。
20 Pay attention to advice and accept correction, so you can live sensibly.	20 要听从劝导，乐意学习， 你就会成为明智人。
21 We may make a lot of plans, but the LORD will do what he has decided.	21 人可能有许多计划， 但只有上主的旨意生效。
22 What matters most is loyalty. It's better to be poor than to be a liar.	22 贪婪可耻[12]； 贫穷好过撒谎。
23 Showing respect to the LORD brings true life— if you do it, you can relax without fear of danger.	23 敬畏上主，得享长寿； 安居乐业，祸患不临。
24 Some people are too lazy to lift a hand to feed themselves.	24 懒惰人伸手取食， 却懒得放进自己口里。
25 Stupid fools learn good sense by seeing others punished; a sensible person learns by being corrected.	25 谴责狂傲人，使愚蠢人知所警惕； 规劝聪明人，使聪明人更加聪明。
26 Children who bring disgrace rob their father and chase their mother away.	26 无耻之徒虐待父亲； 下流之辈逼走母亲。
27 If you stop learning, you will forget what you already know.	27 年轻人哪，你一旦停止学习， 连你已有的知识也要遗忘。
28 A lying witness makes fun of the court system, and criminals think crime is really delicious.	28 腐败的证人无公道可言； 邪恶人只贪图不义。
29 Every stupid fool is just waiting to be punished.	29 狂傲人必受刑罚； 愚昧人难逃鞭打。

---

j) and they. . . again: One possible meaning for the difficult Hebrew text.

【12】「贪婪可耻」或译「人人必须忠诚」。

제 20 장

1 포도주는 거만하게 하는 것이요 독주는
떠들게 하는 것이라 이에 미혹되는 자마다
지혜가 없느니라

2 왕의 진노는 사자의 부르짖음 같으니 그를
노하게 하는 것은 자기의 생명을 해하는
것이니라

3 다툼을 멀리 하는 것이 사람에게
영광이거늘 미련한 자마다 다툼을
일으키느니라

4 게으른 자는 가을에 밭 갈지 아니하나니
그러므로 거둘 때에는 구걸할지라도 얻지
못하리라

5 사람의 마음에 있는 모략은 깊은 물
같으니라 그럴지라도 명철한 사람은 그것을
길어 내느니라

6 많은 사람이 각기 자기의 인자함을
자랑하나니 충성된 자를 누가 만날 수
있으랴

7 온전하게 행하는 자가 의인이라 그의
후손에게 복이 있느니라

8 심판 자리에 앉은 왕은 그의 눈으로 모든
악을 흩어지게 하느니라

9 내가 내 마음을 정하게 하였다 내 죄를
깨끗하게 하였다 할 자가 누구냐

10 한결같지 않은 저울 추와 한결같지 않은
되는 다 여호와께서 미워하시느니라

11 비록 아이라도 자기의 동작으로 자기
품행이 청결한 여부와 정직한 여부를
나타내느니라

12 듣는 귀와 보는 눈은 다 여호와께서 지으신
것이니라

13 너는 잠자기를 좋아하지 말라 네가
빈궁하게 될까 두려우니라 네 눈을 뜨라
그리하면 양식이 족하리라

14 물건을 사는 자가 좋지 못하다 좋지 못하다
하다가 돌아간 후에는 자랑하느니라

15 세상에 금도 있고 진주도 많거니와
지혜로운 입술이 더욱 귀한 보배니라

第20章

1 酒は不遜、強い酒は騒ぎ。／酔う者が知
恵を得ることはない。

2 王の脅威は若獅子のうなり声／彼を怒ら
せる者は自分を危険にさらす。

3 争いにかかわらないのは立派なことだ。
／無知な者は皆、争いを引き起こす。

4 怠け者は冬になっても耕さず／刈り入れ
時に求めるが何もない。

5 思い計らいは人の心の中の深い水。／英
知ある人はそれをくみ出す。

6 親友と呼ぶ相手は多いが／信用できる相
手を誰が見いだせよう。

7 主に従う人は完全な道を歩む。／彼を継
ぐ子らは幸い。

8 裁きの座に就いている王は／その目でど
のような悪をもふるい分ける。

9 わたしの心を潔白にした、と誰が言えよ
うか。／罪から清めた、と誰が言えよう
か。

10 おもり石の使い分け、升の使い分け／い
ずれも主の憎まれること。

11 子供も、行いが清く正しいかどうか／
行動によって示す。

12 聞く耳、見る目、主がこの両方を造られ
た。

13 眠りを愛するな、貧しくならぬために。
／目を見開いていれば、パンに飽き足り
る。

14 「悪い、悪い」と買い手は言うが／そこ
を去ると、自慢する。

15 金もあり、珠玉も多い。／しかし、貴い
ものは知識ある唇。

Chapter 20

Words of Wisdom Are Better than Gold

1 It isn't smart to get drunk! Drinking makes a fool of you and leads to fights.

2 An angry ruler is like a roaring lion— make either one angry, and you are dead.

3 It makes you look good when you avoid a fight— only fools love to quarrel.

4 If you are too lazy to plow, don't expect a harvest.

5 Someone's thoughts may be as deep as the ocean, but if you are smart, you will discover them.

6 There are many who say,"You can trust me!" But can they be trusted?

7 Good people live right, and God blesses the children who follow their example.

8 When rulers decide cases, they weigh the evidence.

9 Can any of us really say, "My thoughts are pure, and my sins are gone"?

10 Two things the LORD hates are dishonest scales and dishonest measures.

11 The good or bad that children do shows what they are like.

12 Hearing and seeing are gifts from the LORD.

13 If you sleep all the time, you will starve; if you get up and work, you will have enough food.

14 Everyone likes to brag about getting a bargain.

15 Sensible words are better than gold or jewels.

第 20 章

1 淡酒使人怠慢；
浓酒使人发狂；
酗酒总是不智。

2 王的忿怒像咆哮的狮子；
激怒君王等于自杀。

3 愚蠢人引起争吵；
能避免争吵便是光荣。

4 懒惰的农夫不知适时耕种，
在收获之时一无所获。

5 人的思想像深井中的水，
明智的人才会汲取。

6 自以为忠信的人很多；
货真价实的有几个？

7 忠诚人行为正直，
他的子孙幸福无穷。

8 君王坐在审判座上，
洞悉一切邪恶。

9 有谁敢说他问心无愧，
自己的罪已经清除？

10 使用两种法码、两样升斗的，
为上主所厌恶。

11 儿童的品格是否良善，
从他的行为可以看出。

12 上主赐给我们能看的眼睛，
能听的耳朵。

13 贪睡的人穷困潦倒；
辛勤工作的人衣食无忧。

14 顾客购物，往往埋怨价昂；
及至离开，连连夸赞便宜。

15 说话中肯，胜过金银珠宝。

16 타인을 위하여 보증 선 자의 옷을 취하라
외인들을 위하여 보증 선 자는 그의 몸을
볼모 잡을지니라

17 속이고 취한 음식물은 사람에게 맛이 좋은
듯하나 후에는 그의 입에 모래가 가득하게
되리라

18 경영은 의논함으로 성취하나니 지략을
베풀고 전쟁할지니라

19 두루 다니며 한담하는 자는 남의 비밀을
누설하나니 입술을 벌린 자를 사귀지
말지니라

20 자기의 아비나 어미를 저주하는 자는 그의
등불이 흑암 중에 꺼짐을 당하리라

21 처음에 속히 잡은 산업은 마침내 복이 되지
아니하느니라

22 너는 악을 갚겠다 말하지 말고 여호와를
기다리라 그가 너를 구원하시리라

23 한결같지 않은 저울 추는 여호와께서
미워하시는 것이요 속이는 저울은 좋지
못한 것이니라

24 사람의 걸음은 여호와로 말미암나니 사람이
어찌 자기의 길을 알 수 있으랴

25 함부로 이 물건은 거룩하다 하여 서원하고
그 후에 살피면 그것이 그 사람에게 덫이
되느니라

26 지혜로운 왕은 악인들을 키질하며 타작하는
바퀴를 그들 위에 굴리느니라

27 사람의 영혼은 여호와의 등불이라 사람의
깊은 속을 살피느니라

28 왕은 인자와 진리로 스스로 보호하고 그의
왕위도 인자함으로 말미암아 견고하니라

29 젊은 자의 영화는 그의 힘이요 늙은 자의
아름다움은 백발이니라

30 상하게 때리는 것이 악을 없이하나니 매는
사람 속에 깊이 들어가느니라

16 他国の者を保証する人からは着物を預か
れ。／他国の女を保証する人からは抵当
を取れ。

17 欺き取ったパンはうまいが／後になって
口は砂利で満たされる。

18 計画は助言を得て立てよ／戦争は指揮力
を整えて始めよ。

19 秘密をばらす者、中傷し歩く者／軽々し
く唇を開く者とは、交わるな。

20 父母を呪う者／彼の灯は闇のただ中で消
える。

21 初めに嗣業をむさぼっても／後にはそれ
は祝福されない。

22 悪に報いたい、と言ってはならない。／
主に望みをおけ、主があなたを救ってく
ださる。

23 おもり石を使い分けることは主にいとわ
れる。／天秤をもって欺くのは正しくな
い。

24 人の一歩一歩を定めるのは主である。／
人は自らの道について何を理解していよ
うか。

25 聖別されたものとしよう、と軽々しく言
い／後にその誓いを思い直せば罠とな
る。

26 賢い王は神に逆らう者を選び出し／彼ら
の上に車輪を引き回す。

27 主の灯は人間の吸い込む息。／腹の隅々
まで探る。

28 慈しみとまことは王を守る。／王座は慈
しみによって保たれる。

29 力は若者の栄光。／白髪は老人の尊厳。

30 打って傷を与えれば悪をたしなめる。／
腹の隅々にとどくように打て。

16 You deserve to lose your coat if you loan it to someone to guarantee payment for the debt of a stranger.

17 The food you get by cheating may taste delicious, but it turns to gravel.

18 Be sure you have sound advice before making plans or starting a war.

19 Stay away from gossips— they tell everything.

20 Children who curse their parents will go to the land of darkness long before their time.

21 Getting rich quick[k] may turn out to be a curse.

22 Don't try to get even. Trust the LORD, and he will help you.

23 The LORD hates dishonest scales and dishonest weights. So don't cheat!

24 How can we know what will happen to us when the LORD alone decides?

25 Don't fall into the trap of making promises to God before you think!

26 A wise ruler severely punishes every criminal.

27 Our inner thoughts are a lamp from the LORD, and they search our hearts.

28 Rulers are protected by God's mercy and loyalty, but[l] they must be merciful for their kingdoms to last.

29 Young people take pride in their strength, but the gray hairs of wisdom are even more beautiful.

30 A severe beating can knock all of the evil out of you!

16 为陌生人作保，愚不可及；
他得用自己的衣物作抵押。

17 骗来的食物特别好吃，
吃了后却变成满口泥沙。

18 有计划的事必然成功；
无策略的仗绝不可打。

19 飞短流长的，难保机密；
好饶舌的，不可结交。

20 咒骂父母的人，
他的生命要像一盏灯在黑暗中熄灭。

21 财富得来越容易，对你的益处越微小。

22 不可自行报仇，要信靠上主，
他必为你伸冤。

23 不准的法码，假的天平，
都为上主所厌恶。

24 上主决定我们人生道路，
谁能知道自己的行程呢？

25 向上帝许愿前必须三思，
以免后来懊悔。

26 贤明的君王要追究作恶的人，
严厉惩治他。

27 上主赐给我们心智和良心，
谁也无法隐瞒自己。

28 君王有诚信公正的统治，
他的政权就能持续。

29 活力是青年人的光荣；
白发是老年人的尊严。

30 创伤驱除邪恶；
痛苦的经验洗涤肺腑。

---

k) quick: Or "the wrong way."
l) by God's mercy. . . but: Or "by their mercy. . . and."

제 21 장

1　왕의 마음이 여호와의 손에 있음이 마치
　　봇물과 같아서 그가 임의로 인도하시느니라

2　사람의 행위가 자기 보기에는
　　모두 정직하여도 여호와는 마음을
　　감찰하시느니라

3　공의와 정의를 행하는 것은 제사 드리는
　　것보다 여호와께서 기쁘게 여기시느니라

4　눈이 높은 것과 마음이 교만한 것과 악인이
　　¹⁾형통한 것은 다 죄니라

5　부지런한 자의 경영은 풍부함에 이를
　　것이나 조급한 자는 궁핍함에 이를
　　따름이니라

6　속이는 말로 재물을 모으는 것은 죽음을
　　구하는 것이라 곧 불려다니는 안개니라

7　악인의 강포는 자기를 소멸하나니 이는
　　정의를 행하기 싫어함이니라

8　죄를 크게 범한 자의 길은 심히 구부러지고
　　깨끗한 자의 길은 곧으니라

9　다투는 여인과 함께 큰 집에서 사는 것보다
　　²⁾움막에서 사는 것이 나으니라

10　악인의 마음은 남의 재앙을 원하나니 그
　　이웃도 그 앞에서 은혜를 입지 못하느니라

11　거만한 자가 벌을 받으면 어리석은 자도
　　지혜를 얻겠고 지혜로운 자가 교훈을
　　받으면 지식이 더하리라

12　³⁾의로우신 자는 악인의 집을 감찰하시고
　　악인을 환난에 던지시느니라

13　귀를 막고 가난한 자가 부르짖는 소리를
　　듣지 아니하면 자기가 부르짖을 때에도
　　들을 자가 없으리라

14　은밀한 선물은 노를 쉬게 하고 품 안의
　　뇌물은 맹렬한 분을 그치게 하느니라

15　정의를 행하는 것이 의인에게는 즐거움이요
　　죄인에게는 패망이니라

第21章

1　主の御手にあって王の心は水路のよう。
　　／主は御旨のままにその方向を定められ
　　る。

2　人間の道は自分の目に正しく見える。／
　　主は心の中を測られる。

3　神に従い正義を行うことは／いけにえを
　　ささげるよりも主に喜ばれる。

4　高慢なまなざし、傲慢な心は／神に逆ら
　　う者の灯、罪。

5　勤勉な人はよく計画して利益を得／あわ
　　てて事を行う者は欠損をまねく。

6　うそをつく舌によって財宝を積む者は／
　　吹き払われる息、死を求める者。

7　神に逆らう者は自分の暴力に引きずられ
　　て行く。／正義を行うことを拒んだから
　　だ。

8　歩む道が曲がったりそれたりしていても
　　／清く正しい行いをする人がある。

9　いさかい好きな妻と一緒に家にいるより
　　は／屋根の片隅に座っている方がよい。

10　神に逆らう者の欲望は悪に注がれ／その
　　目は隣人をも憐れまない。

11　不遜な者を罰すれば、浅はかな者は知恵
　　を得る。／知恵ある人を目覚めさせるな
　　ら／彼は知識を得る。

12　神に従う人は逆らう者の家を識別し／神
　　に逆らう者を災いに落とす。

13　弱い人の叫びに耳を閉ざす者は／自分が
　　呼び求める時が来ても答えは得られな
　　い。

14　ひそかに贈り物をしておけば怒りはなだ
　　められ／賄賂をふところに入れてやれば
　　激怒も静まる。

15　裁きを行うことは、神に従う人には喜び
　　／悪を行う者には滅び。

---

1) 히, 등불
2) 지붕 한 모퉁이에서
3) 의로운 자는 악인의 집을 헤아려서 악인의
　　망할 것을 아느니라

Chapter 21

The LORD Is In Charge

1 The LORD controls rulers, just as he determines the course of rivers.

2 We may think we are doing the right thing, but the LORD always knows what is in our hearts.

3 Doing what is right and fair pleases the LORD more than an offering.

4 Evil people are proud and arrogant, but sin is the only crop they produce.[m]

5 If you plan and work hard, you will have plenty; if you get in a hurry, you will end up poor.

6 Cheating to get rich is a foolish dream and no less than suicide.[n]

7 You destroy yourself by being cruel and violent and refusing to live right.

8 All crooks are liars, but anyone who is innocent will do right.

9 It's better to stay outside on the roof of your house than to live inside with a nagging wife.

10 Evil people want to do wrong, even to their friends.

11 An ignorant fool learns by seeing others punished; a sensible person learns by being instructed.

12 God is always fair! He knows what the wicked do and will punish them.

13 If you won't help the poor, don't expect to be heard when you cry out for help.

14 A secret bribe will save you from someone's fierce anger.

15 When justice is done, good citizens are glad and crooks are terrified.

m) but sin. . . produce: Or "but sin is the only light they ever follow."
n) and. . . suicide: One possible meaning for the difficult Hebrew text.

第 21 章

1 上主随意支配君王的心，
正像他转移河流的方向。

2 人以为自己所做的都对，
上主却审察他的动机。

3 秉公行义比献祭更蒙上主悦纳。

4 邪恶人狂妄高傲，炫耀自己，
这就是罪。

5 计划周详的人富足；
行为冲动的人贫苦。

6 不义之财如过眼烟云，使人陷入死亡。

7 邪恶的人为自己的暴戾所毁灭，
因为他们拒绝走正直的路。

8 犯罪的人路径弯曲；
纯洁的人行为正直。

9 宁愿住在屋顶的一角，不跟爱唠叨的妻
子同住宽敞的房屋。

10 邪恶人日夜想做坏事，
对邻人毫无慈心。

11 狂傲人受惩罚，无知的人也得教训；
明智人从所受的劝导越发增加知识。

12 公义的上帝洞悉邪恶人的心思；
他要使他们败亡。

13 充耳不闻穷人哀求的，
自己求助时也无人理睬。

14 暗中送礼可息怒气；
用钱贿赂可止烈怒。

15 秉公行义使正直的人高兴；
作恶的人却心怀恐惧。

16 명철의 길을 떠난 사람은 사망의 회중에
　　거하리라

17 연락을 좋아하는 자는 가난하게 되고
　　술과 기름을 좋아하는 자는 부하게 되지
　　못하느니라

18 악인은 의인의 속전이 되고 사악한 자는
　　정직한 자의 대신이 되느니라

19 다투며 성내는 여인과 함께 사는 것보다
　　광야에서 사는 것이 나으니라

20 지혜 있는 자의 집에는 귀한 보배와
　　기름이 있으나 미련한 자는 이것을 다 삼켜
　　버리느니라

21 공의와 인자를 따라 구하는 자는 생명과
　　공의와 영광을 얻느니라

22 지혜로운 자는 용사의 성에 올라가서 그
　　성이 의지하는 방벽을 허느니라

23 입과 혀를 지키는 자는 자기의 영혼을
　　환난에서 보전하느니라

24 무례하고 교만한 자를 이름하여 망령된
　　자라 하나니 이는 넘치는 교만으로
　　행함이니라

25 게으른 자의 욕망이 자기를 죽이나니 이는
　　자기의 손으로 일하기를 싫어함이니라

26 어떤 자는 종일토록 탐하기만 하나 의인은
　　아끼지 아니하고 베푸느니라

27 악인의 제물은 본래 가증하거든 하물며
　　악한 뜻으로 드리는 것이랴

28 거짓 증인은 패망하려니와 확실히 들은
　　사람의 말은 힘이 있느니라

29 악인은 자기의 얼굴을 굳게 하나 정직한
　　자는 자기의 행위를 삼가느니라

30 지혜로도 못하고, 명철로도 못하고
　　모략으로도 여호와를 당하지 못하느니라

31 싸울 날을 위하여 마병을 예비하거니와
　　이김은 여호와께 있느니라

16 目覚めへの道から迷い出た者は死霊の集
　　いに入る。

17 快楽を愛する者は欠乏に陥り／酒と香油
　　を愛する者は富むことがない。

18 神に逆らう者は神に従う人の代償とされ
　　／欺く者は正しい人の身代金にされる。

19 いさかい好きで怒りっぽい妻といるより
　　は／荒れ野に座っている方がよい。

20 知恵ある人の住まいには望ましい宝と香
　　油がある。／愚か者はそれを呑み尽く
　　す。

21 恵みと慈しみを追い求める人は／命と恵
　　みと名誉を得る。

22 知恵ある人はひとりで勇士たちの町に上
　　り／その頼みとする砦を落とすこともで
　　きる。

23 自分の口と舌を守る人は／苦難から自分
　　の魂を守る。

24 増長し、高慢な者、その名は不遜。／
　　高慢のかぎりを尽くす。

25 怠け者は自分の欲望に殺される。／彼の
　　手が働くことを拒むからだ。

26 欲望は絶えることなく欲し続ける。／神
　　に従う人は与え、惜しむことはない。

27 神に逆らう者のいけにえは忌むべきもの
　　だ。／悪だくみがあってささげるのだか
　　ら。

28 欺いて語る証人は滅びる。／聞き従う人
　　の言葉はとこしえに堪える。

29 神に逆らう者は厚かましく事を行う。／
　　正しい人は自分の道を整える。

30 どのような知恵も、どのような英知も、
　　勧めも／主の御前には無に等しい。

31 戦いの日のために馬が備えられるが／救
　　いは主による。

16 If you stop using good sense, you
will find yourself in the grave.

17 Heavy drinkers and others
who live only for pleasure
will lose all they have.

18 God's people will escape, but all
who are wicked will pay the price.

19 It's better out in the desert than at home
with a nagging, complaining wife.

20 Be sensible and store up
precious treasures— don't
waste them like a fool.

21 If you try to be kind and good,
you will be blessed with life
and goodness and honor.

22 One wise person can defeat a city full
of soldiers and capture their fortress.

23 Watching what you say can
save you a lot of trouble.

24 If you are proud and conceited,
everyone will say, "You're a snob!"

25 If you want too much and are too
lazy to work, it could be fatal.

26 But people who obey God
are always generous.

27 The Lord despises the offerings of
wicked people with evil motives.

28 If you tell lies in court, you
are done for; only a reliable
witness can do the job.

29 Wicked people bluff their
way, but God's people think
before they take a step.

30 No matter how much you know
or what plans you make, you
can't defeat the LORD.

31 Even if your army has horses ready
for battle, the LORD will always win.

16 从明智路上迷失的人，死亡在等着他。

17 整天宴乐，必然穷困；
吃喝无度，怎能富足？

18 邪恶人想陷害正直人，
祸患反临到自己身上。

19 宁可住在荒野，不跟爱唠叨、
好埋怨的妻子同住。

20 明智人过着富足舒适的生活；
愚昧人因任意挥霍，家产荡然。

21 正直仁慈的人必享长寿，为人敬重。

22 运用机智能夺取勇士的城池，
摧毁他所倚靠的堡垒。

23 口舌谨慎的人得以躲避祸患。

24 自命不凡的人狂妄自大，心骄气傲。

25 懒惰人等于自杀，因他不肯工作；

26 他整天贪求无厌；
义人却乐于施舍，毫不吝惜。

27 上主憎恨邪恶人的献祭，
尤其厌恶动机诡诈的祭。

28 撒谎者的证言不足信：
善于倾听者的发言必受尊重。

29 义人作事有自信；
恶人却假装勇敢。

30 上主若与你为敌，所有智慧、
聪明、策略都与你无益。

31 人可以招兵买马，准备打仗，
但使人得胜在乎上主。

제 22 장

1 많은 재물보다 명예를 택할 것이요 은이나 금보다 은총을 더욱 택할 것이니라

2 가난한 자와 부한 자가 1)함께 살거니와 그 모두를 지으신 이는 여호와시니라

3 슬기로운 자는 재앙을 보면 숨어 피하여도 어리석은 자는 나가다가 해를 받느니라

4 겸손과 여호와를 경외함의 보상은 재물과 영광과 생명이니라

5 패역한 자의 길에는 가시와 올무가 있거니와 영혼을 지키는 자는 이를 멀리 하느니라

6 마땅히 행할 길을 아이에게 가르치라 그리하면 늙어도 그것을 떠나지 아니하리라

7 부자는 가난한 자를 주관하고 빚진 자는 채주의 종이 되느니라

8 악을 뿌리는 자는 재앙을 거두리니 그 분노의 2)기세가 쇠하리라

9 선한 눈을 가진 자는 복을 받으리니 이는 양식을 가난한 자에게 줌이니라

10 거만한 자를 쫓아내면 다툼이 쉬고 싸움과 수욕이 그치느니라

11 마음의 정결을 사모하는 자의 입술에는 덕이 있으므로 임금이 그의 친구가 되느니라

12 여호와의 눈은 지식 있는 사람을 지키시나 사악한 사람의 말은 패하게 하시느니라

13 게으른 자는 말하기를 사자가 밖에 있은즉 내가 나가면 거리에서 찢기겠다 하느니라

14 음녀의 입은 깊은 함정이라 여호와의 노를 당한 자는 거기 빠지리라

15 아이의 마음에는 미련한 것이 얽혔으나 징계하는 채찍이 이를 멀리 쫓아내리라

1) 히, 서로 만나거니와
2) 지팡이

第22章

1 名誉は多くの富よりも望ましく／品位は金銀にまさる。

2 金持ちと貧乏な人が出会う。／主はそのどちらも造られた。

3 思慮深い人は災難が来ると見れば身を隠す。／浅はかな者は通り抜けようとして痛い目に遭う。

4 主を畏れて身を低くすれば／富も名誉も命も従って来る。

5 曲がった道には茨と罠。／そこから遠ざかる人は自分の魂を守る。

6 若者を歩むべき道の初めに教育せよ。／年老いてもそこからそれることがないであろう。

7 金持ちが貧乏な者を支配する。／借りる者は貸す者の奴隷となる。

8 悪を蒔く者は災いを刈り入れる。／鞭は傲慢を断つ。

9 寛大な人は祝福を受ける／自分のパンをさいて弱い人に与えるから。

10 不遜な者を追い出せば、いさかいも去る。／争いも嘲笑もやむ。

11 清い心を愛する人は唇に品位があり／王がその友となる。

12 主の目は知識を守り、欺きの言葉を滅ぼす。

13 怠け者は言う。／「外には獅子がいる。／町に出ればわたしは殺される。」

14 よその女の口は深い墓穴／主の憤りにふれた者はそこに陥る。

15 若者の心には無知がつきもの。／これを遠ざけるのは諭しの鞭。

Chapter 22

第 22 章

The Value of a Good Reputation

1 A good reputation and respect are worth much more than silver and gold.

2 The rich and the poor are all created by the LORD.

3 When you see trouble coming, don't be stupid and walk right into it— be smart and hide.

4 Respect and serve the LORD! Your reward will be wealth, a long life, and honor.

5 Crooks walk down a road full of thorny traps. Stay away from there!

6 Teach your children right from wrong, and when they are grown they will still do right.

7 The poor are ruled by the rich, and those who borrow are slaves of moneylenders.

8 Troublemakers get in trouble, and their terrible anger will get them nowhere.

9 The LORD blesses everyone who freely gives food to the poor.

10 Arguments and fights will come to an end, if you chase away those who insult others.

11 The king is the friend of all who are sincere and speak with kindness.

12 The LORD watches over everyone who shows good sense, but he frustrates the plans of deceitful liars.

13 Don't be so lazy that you say, "If I go to work, a lion will eat me!"

14 The words of a bad woman are like a deep pit; if you make the LORD angry, you will fall right in.

15 All children are foolish, but firm correction will make them change.

1 信誉比财富宝贵；
名望比金银可羡。

2 贫穷人和有钱人有一处相同，二者都是上主所造。

3 机警的人一见灾祸赶紧躲开；
愚蠢的人上前受害，然后懊悔。

4 敬畏上主、存心谦卑的成果
就是富足、光荣、长寿。

5 爱惜生命的人晓得躲开捕捉邪恶人的罗网。

6 教导儿童走正路，
他自幼到老终生不忘。

7 穷苦人是有钱人的奴隶；
负债人是债主的奴隶。

8 撒播不义种子，后患无穷；
严厉的惩罚将毁灭他。

9 慷慨把食物分给穷人的，必然蒙福。

10 把狂傲的人赶走，一切纠纷、争吵、
羞辱就都止息。

11 喜爱纯洁的心和词令优雅的人能赢得君王的欢心。

12 上主的眼目看顾真理；
他消灭撒谎者的言论。

13 懒惰人待在家里；
他说外头有狮子等着要吞噬他。

14 淫妇的口是陷阱；
上主所厌恶的人要掉进去。

15 儿童本性接近愚昧，
用责打可以改变他们。

16 이익을 얻으려고 가난한 자를 학대하는 자와 부자에게 주는 자는 가난하여질 뿐이니라

17 너는 귀를 기울여 지혜 있는 자의 말씀을 들으며 내 지식에 마음을 둘지어다

18 이것을 네 속에 보존하며 네 입술 위에 함께 있게 함이 아름다우니라

19 내가 네게 여호와를 의뢰하게 하려 하여 이것을 오늘 특별히 네게 알게 하였노니

20 내가 모략과 지식의 아름다운 것을 너를 위해 기록하여

21 네가 진리의 확실한 말씀을 깨닫게 하며 또 너를 보내는 자에게 진리의 말씀으로 회답하게 하려 함이 아니냐

22 약한 자를 그가 약하다고 탈취하지 말며 곤고한 자를 성문에서 압제하지 말라

23 대저 여호와께서 신원하여 주시고 또 그를 노략하는 자의 생명을 빼앗으시리라

24 노를 품는 자와 사귀지 말며 울분한 자와 동행하지 말지니

25 그의 행위를 본받아 네 영혼을 올무에 빠뜨릴까 두려움이니라

26 너는 사람과 더불어 손을 잡지 말며 남의 빚에 보증을 서지 말라

27 만일 갚을 것이 네게 없으면 네 누운 침상도 빼앗길 것이라 네가 어찌 그리하겠느냐

28 네 선조가 세운 옛 지계석을 옮기지 말지니라

29 네가 자기의 일에 능숙한 사람을 보았느냐 이러한 사람은 왕 앞에 설 것이요 천한 자 앞에 서지 아니하리라

16 弱者を搾取して自分を富ませたり／金持ちに贈り物をしたりすれば、欠乏に陥る。

賢人の言葉（一）

17 耳を傾けて賢人たちの言葉を聞け。／わたしの知識に心を向けよ。

18 それをあなたの腹に納め／ひとつ残らず唇に備えておけば喜びを得る。

19 あなたが主に信頼する者となるように／今日、あなたに教えを与えよう。

20 わたしの意見と知識に従って三十句／あなたのために書きつけようではないか。

21 真理とまことの言葉をあなたに知らせるために／まことの言葉をあなたの使者に持ち帰らせよう。

22 弱い人を搾取するな、弱いのをよいことにして。／貧しい人を城門で踏みにじってはならない。

23 主は彼らに代わって争い／彼らの命を奪う者の命を、奪われるであろう。

24 怒りやすい者の友になるな。／激しやすい者と交わるな。

25 彼らの道に親しんで／あなたの魂を罠に落としてはならない。

26 手を打って誓うな、負債の保証をするな。

27 償うための物があなたになければ／敷いている寝床まで取り上げられるであろう。

28 昔からの地境を移してはならない／先祖の定めたものなのだから。

29 技に熟練している人を観察せよ。／彼は王侯に仕え／怪しげな者に仕えることはない。

16 Cheat the poor to make profit or give gifts to the rich— either way you lose.

Thirty Wise Sayings

17 Here are some sayings of people with wisdom, so listen carefully as I teach.

18 You will be glad that you know these sayings and can recite them.

19 I am teaching them today, so that you may trust the LORD.

20 I have written thirty sayings filled with sound advice.

21 You can trust them completely to give you the right words for those in charge of you.

-1-

22 Don't take advantage of the poor or cheat them in court.

23 The LORD is their defender, and what you do to them, he will do to you.

-2-

24 Don't make friends with anyone who has a bad temper.

25 You might turn out like them and get caught in a trap.

-3-

26 Don't guarantee to pay someone else's debt.

27 If you don't have the money, you might lose your bed.

-4-

28 Don't move a boundary marker[o] set up by your ancestors.

-5-

29 If you do your job well, you will work for a ruler and never be a slave.

16 向有钱人送礼，或剥削穷人致富的人，都必缺乏。

智言三十则

17 听吧，我要把明智人的话教导你，你得留心学习。

18 若能够牢记在心里，随时引用，那是再好没有的。

19 我要你一心倚靠上主，所以把这些智言告诉你。

20 我为你写下了三十条，其中有属于知识和规劝的话，

21 要教导你什么是真理，好使你寻求的时候能找到正确的答案，来回复那差派你的人。

-1-

22 不可仗势占穷人的便宜；不可欺压法庭上无助的人。

23 上主要为他们辩护；谁危害他们的生命，上主要照样取那人的生命。

-2-

24 不要跟脾气急躁的人作朋友；

25 你可能学了他的脾气，改不过来。

-3-

26 不要为别人的债务作保；

27 如果你不能偿还，连你的床都会被人搬走。

-4-

28 祖先划定的旧地界，你不可移动。

-5-

29 你见过办事敏捷的人吗？他不跟等闲之辈为伍；他将侍立在君王面前。

---

o) marker: In ancient Israel boundary lines were sacred because all property was a gift from the Lord (see Deuteronomy 19.14).

제 23 장

1 네가 관원과 함께 앉아 음식을 먹게 되거든 삼가 네 앞에 있는 자가 누구인지를 생각하며

2 네가 만일 음식을 탐하는 자이거든 네 목에 칼을 둘 것이니라

3 그의 맛있는 음식을 탐하지 말라 그것은 속이는 음식이니라

4 부자 되기에 애쓰지 말고 네 사사로운 지혜를 버릴지어다

5 네가 어찌 허무한 것에 주목하겠느냐 정녕히 재물은 스스로 날개를 내어 하늘을 나는 독수리처럼 날아가리라

6 악한 눈이 있는 자의 음식을 먹지 말며 그의 맛있는 음식을 탐하지 말지어다

7 대저 그 마음의 생각이 어떠하면 그 위인도 그러한즉 그가 네게 먹고 마시라 할지라도 그의 마음은 너와 함께 하지 아니함이라

8 네가 조금 먹은 것도 토하겠고 네 아름다운 말도 헛된 데로 돌아가리라

9 미련한 자의 귀에 말하지 말지니 이는 그가 네 지혜로운 말을 업신여길 것임이니라

10 옛 지계석을 옮기지 말며 고아들의 밭을 침범하지 말지어다

11 대저 그들의 구속자는 강하시니 그가 너를 대적하여 그들의 원한을 풀어 주시리라

12 훈계에 착심하며 지식의 말씀에 귀를 기울이라

第23章

1 支配者と共に食卓に着いたなら／何に直面しているのかをよく理解せよ。

2 あなたが食欲おうせいな人間なら／自分の喉にナイフを突きつけたも同じだ。

3 供される珍味をむさぼるな、それは欺きのパンだ。

4 富を得ようとして労するな／分別をもって、やめておくがよい。

5 目をそらすや否や、富は消え去る。／鷲のように翼を生やして、天に飛び去る。

6 強欲な者のパンを食べようとするな。／供される珍味をむさぼるな。

7 彼はその欲望が示すとおりの人間だ。／「食べるがよい、飲むがよい」と言っても／心はあなたを思ってはいない。

8 あなたは食べたものを吐き出すことになり／あなたが親切に言ったことも台無しになる。

9 愚か者の耳に語りかけるな／あなたの見識ある言葉を侮るだけだから。

10 昔からの地境を移してはならない。／みなしごの畑を侵してはならない。

11 彼らを贖う神は強く／彼らに代わってあなたと争われるであろう。

12 あなたの心を諭しの言葉に／耳を知識の言葉に傾けよ。

# Chapter 23	第 23 章

-6-

1 When you are invited to eat with a king, use your best manners.
2 Don't go and stuff yourself! That would be just the same as cutting your throat.
3 Don't be greedy for all of that fancy food! It may not be so tasty.

-7-

4 Give up trying so hard to get rich.
5 Your money flies away before you know it, just like an eagle suddenly taking off.

-8-

6 Don't accept an invitation to eat a selfish person's food, no matter how good it is.
7 People like that take note of how much you eat.[p] They say, "Take all you want!" But they don't mean it.
8 Each bite will come back up, and all your kind words will be wasted.

-9-

9 Don't talk to fools— they will just make fun.

-10-

10 Don't move a boundary marker[q] or take the land that belongs to orphans.
11 God All-Powerful is there to defend them against you.

-11-

12 Listen to instruction and do your best to learn.

-6-

1 你跟大人物同桌吃饭的时候，要记住他是谁。
2 如果你胃口大，就得约束自己。
3 不要馋涎他的佳肴美味，可能那是他的圈套。

-7-

4 要聪明些，不要耗尽心力追求财富。
5 钱财转瞬消失，好像长着翅膀，如老鹰飞走。

-8-

6 不要吃吝啬人的饭，贪图他的美食。
7 他说：「来吧，请吃，请喝」，可是言不由衷；他在想什么，他就是什么样的人。
8 他的态度虚伪，令人作呕；你对他说的好话也都落空。

-9-

9 不要跟愚昧人讲道理，因为他不会重视你明智的话。

-10-

10 不可移动古时的地界或侵占孤儿的田地。
11 上主是他们有力的辩护者；他要对抗你，为他们申诉。

-11-

12 要留心师长的训诲，听从他的智言。

---

p) People. . . eat: One possible meaning for the difficult Hebrew text.
q) marker: See the note at 22.28.

13 아이를 훈계하지 아니하려고 하지 말라 채찍으로 그를 때릴지라도 그가 죽지 아니하리라

14 네가 그를 채찍으로 때리면 그의 영혼을 스올에서 구원하리라

15 내 아들아 만일 네 마음이 지혜로우면 나 곧 내 마음이 즐겁겠고

16 만일 네 입술이 정직을 말하면 내 속이 유쾌하리라

17 네 마음으로 죄인의 형통을 부러워하지 말고 항상 여호와를 경외하라

18 정녕히 네 장래가 있겠고 네 소망이 끊어지지 아니하리라

19 내 아들아 너는 듣고 지혜를 얻어 네 마음을 바른 길로 인도할지니라

20 술을 즐겨 하는 자들과 고기를 탐하는 자들과도 더불어 사귀지 말라

21 술 취하고 음식을 탐하는 자는 가난하여질 것이요 잠 자기를 즐겨 하는 자는 해어진 옷을 입을 것임이니라

22 너를 낳은 아비에게 청종하고 네 늙은 어미를 경히 여기지 말지니라

23 진리를 사되 팔지는 말며 지혜와 훈계와 명철도 그리할지니라

24 의인의 아비는 크게 즐거울 것이요 지혜로운 자식을 낳은 자는 그로 말미암아 즐거울 것이니라

25 네 부모를 즐겁게 하며 너를 낳은 어미를 기쁘게 하라

26 내 아들아 네 마음을 내게 주며 네 눈으로 내 길을 즐거워할지어다

13 若者を諭すのを控えてはならない。／鞭打っても、死ぬことはない。

14 鞭打てば、彼の魂を陰府から救うことになる。

15 わが子よ、あなたの心が知恵を得れば／わたしの心は喜び祝う。

16 あなたの唇が公正に語れば／わたしのはらわたは喜び躍る。

17 罪人らのことに心を燃やすことはない／日ごと、主を畏れることに心を燃やすがよい。

18 確かに未来はある／あなたの希望が断たれることはない。

19 わが子よ、聞き従って知恵を得よ。／あなたの心が道をまっすぐに進むようにせよ。

20 大酒を飲むな、身を持ち崩すな。

21 大酒を飲み、身を持ち崩す者は貧乏になり／惰眠をむさぼる者はぼろをまとう。

22 父に聞き従え、生みの親である父に。／母が年老いても侮ってはならない。

23 真理を得よ、知恵も諭しも分別も手放すな。

24 神に従う人の父は大いに喜び躍り／知恵ある人の親は、その子によって楽しみを得る。

25 父が楽しみを得／あなたを生んだ母が喜び躍るようにせよ。

26 わが子よ、あなたの心をわたしにゆだねよ。／喜んでわたしの道に目を向けよ。

-12-

13 Don't fail to correct your children.
You won't kill them by being firm,

14 and it may even save their lives.

-13-

15 My children, if you show good
sense, I will be happy,

16 and if you are truthful, I
will really be glad.

-14-

17 Don't be jealous of sinners, but
always honor the LORD.

18 Then you will truly have
hope for the future.

-15-

19 Listen to me, my children! Be
wise and have enough sense
to follow the right path.

20 Don't be a heavy drinker or
stuff yourself with food.

21 It will make you feel drowsy,
and you will end up poor
with only rags to wear.

-16-

22 Pay attention to your father,
and don't neglect your mother
when she grows old.

23 Invest in truth and wisdom,
discipline and good sense,
and don't part with them.

24 Make your father truly happy by living
right and showing sound judgment.

25 Make your parents proud,
especially your mother.

-17-

26 My son, pay close attention, and
gladly follow my example.

-12-

13 要认真管教儿童；责打不至于丧命，

14 反而是救他生命。

-13-

15 年轻人哪，如果你有智慧，我会多么高兴！

16 我会因听见你明理的话而引以为荣。

-14-

17 不要羡慕罪人，要常存敬畏上主的心。

18 这样，你的前途就顺利光明。

-15-

19 孩子啊，听我的话，你要明智，要谨慎自己的生活。

20 不要结交好酒贪吃的人。

21 好酒贪吃的人一定穷困；他们整天睡觉，得穿破烂衣服。

-16-

22 要听从生养你的父亲；没有他，就没有你。你母亲年老，要敬重她。

23 真理、智慧、学问、见识都值得你去买，千万不可卖。

24 义人的父亲理当快乐；有了明智的儿子大可欣慰。

25 要让你的父母快慰，让你的母亲欢喜。

-17-

26 年轻人哪，要向我学习，以我的人生道路为榜样。

27 대저 음녀는 깊은 구덩이요 이방 여인은 좁은 함정이라	27 遊女は深い墓穴、異邦の女は狭い井戸だ。
28 참으로 그는 강도 같이 매복하며 사람들 중에 사악한 자가 많아지게 하느니라	28 彼女は盗人のように待ち伏せし／繰り返し男たちを欺く。
29 재앙이 뉘게 있느뇨 근심이 뉘게 있느뇨 분쟁이 뉘게 있느뇨 원망이 뉘게 있느뇨 까닭 없는 상처가 뉘게 있느뇨 붉은 눈이 뉘게 있느뇨	29 不幸な者は誰か、嘆かわしい者は誰か／いさかいの絶えぬ者は誰か、愚痴を言う者は誰か／理由なく傷だらけになっているのは誰か／濁った目をしているのは誰か。
30 술에 잠긴 자에게 있고 혼합한 술을 구하러 다니는 자에게 있느니라	30 それは、酒を飲んで夜更かしする者。／混ぜ合わせた酒に深入りする者。
31 포도주는 붉고 잔에서 번쩍이며 순하게 내려가나니 너는 그것을 보지도 말지어다	31 酒を見つめるな。／酒は赤く杯の中で輝き、滑らかに喉を下るが
32 그것이 마침내 뱀 같이 물 것이요 독사 같이 쏠 것이며	32 後になると、それは蛇のようにかみ／蝮の毒のように広がる。
33 또 네 눈에는 괴이한 것이 보일 것이요 네 마음은 구부러진 말을 할 것이며	33 目は異様なものを見／心に暴言をはき始める。
34 너는 바다 가운데에 누운 자 같을 것이요 돛대 위에 누운 자 같을 것이며	34 海の真ん中に横たわっているかのように／綱の端にぶら下がっているかのようになる。
35 네가 스스로 말하기를 사람이 나를 때려도 나는 아프지 아니하고 나를 상하게 하여도 내게 감각이 없도다 내가 언제나 깰까 다시 술을 찾겠다 하리라	35 「打たれたが痛くもない。／たたかれたが感じもしない。／酔いが醒めたらまたもっと酒を求めよう。」

27 Bad women and unfaithful wives are like a deep pit—

28 they are waiting to attack you like a gang of robbers with victim after victim.

-18-

29 Who is always in trouble? Who argues and fights? Who has cuts and bruises? Whose eyes are red?

30 Everyone who stays up late, having just one more drink.

31 Don't even look at that colorful stuff bubbling up in the glass! It goes down so easily,

32 but later it bites like a poisonous snake.

33 You will see weird things, and your mind will play tricks on you.

34 You will feel tossed about like someone trying to sleep on a ship in a storm.

35 You will be bruised all over, without even remembering how it all happened. And you will lie awake asking, "When will morning come, so I can drink some more?"

27 妓女是深坑，败德的女人是陷阱；

28 她们像强盗埋伏，使许多人背信弃义。

-18-

29-30 谁酗酒，谁遍尝各色的美酒，谁就过悲惨的生活，为自己哀叹，常常有纷争，不断地埋怨。他的眼睛赤红，无故遍体伤痕。

31 不可贪杯！酒在杯中发红闪烁，诱你一饮而尽。

32 但第二天你会觉得像被毒蛇咬了。

33 你眼中出现怪异的景象；你失掉了思想和说话的能力。

34 你好像漂荡在海洋中，躺卧在桅杆顶上。

35 你要说：「我一定是挨了打，人家狠狠地鞭打我，但我记不起来。我为什么醒不过来呢？我要再来一杯！」

제 24 장	第24章.

1 너는 악인의 형통함을 부러워하지 말며 그와 함께 있으려고 하지도 말지어다

1 悪者のことに心を燃やすな／彼らと共にいることを望むな。

2 그들의 마음은 강포를 품고 그들의 입술은 재앙을 말함이니라

2 悪者が心に思いめぐらすのは暴力。／唇が語るのは労苦を引き起こすこと。

3 집은 지혜로 말미암아 건축되고 명철로 말미암아 견고하게 되며

3 家は知恵によって築かれ、英知によって固く立つ。

4 또 방들은 지식으로 말미암아 각종 귀하고 아름다운 보배로 채우게 되느니라

4 知識は部屋を満たし、貴く喜ばしい財産となる。

5 지혜 있는 자는 강하고 지식 있는 자는 힘을 더하나니

5 知恵ある男は勇敢にふるまい／知識ある男は力を発揮する。

6 너는 전략으로 싸우라 승리는 지략이 많음에 있느니라

6 戦争には指揮する力が必要であり／勝利を得るためには作戦を練るべきだ。

7 지혜는 너무 높아서 미련한 자가 미치지 못할 것이므로 그는 성문에서 입을 열지 못하느니라

7 無知な者に知恵は高尚すぎる。／城門で口を開くべきではない。

8 악행하기를 꾀하는 자를 일컬어 사악한 자라 하느니라

8 悪意ある考えを持つ者は陰謀家と呼ばれる。

9 미련한 자의 생각은 죄요 거만한 자는 사람에게 미움을 받느니라

9 無知の謀は過ちとされる。／不遜な態度は人に憎まれる。

10 네가 만일 환난 날에 낙담하면 네 힘이 미약함을 보임이니라

10 苦難の襲うとき気力を失い、力を出し惜しみ

11 너는 사망으로 끌려가는 자를 건져 주며 살륙을 당하게 된 자를 구원하지 아니하려고 하지 말라

11 死に捕えられた人を救い出さず／殺されそうになっている人を助けず

Chapter 24	第 24 章

-19-

1 Don't be jealous of crooks or want to be their friends.

2 All they think about and talk about is violence and cruelty.

-20-

3 Use wisdom and understanding to establish your home;

4 let good sense fill the rooms with priceless treasures.

-21-

5 Wisdom brings strength, and knowledge gives power.

6 Battles are won by listening to advice and making a lot of plans.

-22-

7 Wisdom is too much for fools! Their advice is no good.

-23-

8 No one but troublemakers think up trouble.

9 Everyone hates senseless fools who think up ways to sin.

-24-

10 Don't give up and be helpless in times of trouble.

-25-

11 Don't fail to rescue those who are doomed to die.

-19-

1 不要羡慕作恶的人，也不要跟他们来往。

2 他们专想做坏事，一开口就伤人。

-20-

3 家庭建立在智慧和谅解的基础上。

4 有知识的家庭，屋中必充满贵重的宝物。

-21-

5 明智胜过强壮【13】；知识比力气重要。

6 作战必须先有策略；参谋多，必操胜券。

-22-

7 明智的话非愚蠢人所能领会；他们在会议上哑口无言。

-23-

8 为非作歹的人要被视为阴谋家。

9 愚昧人的计谋就是罪恶；侮慢别人的，为人憎恨。

-24-

10 在患难的日子胆怯，就真是弱者。

-25-

11 对无故被拉去处死的人，你要伸手援助，不可踌躇。

【13】「明智胜过强壮」是根据一些古译本，希伯来文是「智慧的人大有能力」。

12 네가 말하기를 나는 그것을 알지
　못하였노라 할지라도 마음을 저울질
　하시는 이가 어찌 통찰하지 못하시겠으며
　네 영혼을 지키시는 이가 어찌 알지
　못하시겠느냐 그가 각 사람의 행위대로
　보응하시리라

13 내 아들아 꿀을 먹으라 이것이 좋으니라
　송이꿀을 먹으라 이것이 네 입에 다니라

14 지혜가 네 영혼에게 이와 같은 줄을 알라
　이것을 얻으면 정녕히 네 장래가 있겠고 네
　소망이 끊어지지 아니하리라

15 악한 자여 의인의 집을 엿보지 말며 그가
　쉬는 처소를 헐지 말지니라

16 대저 의인은 일곱 번 넘어질지라도 다시
　일어나려니와 악인은 재앙으로 말미암아
　엎드러지느니라

17 네 원수가 넘어질 때에 즐거워하지 말며
　그가 엎드러질 때에 마음에 기뻐하지 말라

18 여호와께서 이것을 보시고 기뻐하지
　아니하사 그의 진노를 그에게서 옮기실까
　두려우니라

19 너는 행악자들로 말미암아 분을 품지 말며
　악인의 형통함을 부러워하지 말라

20 대저 행악자는 장래가 없겠고 악인의
　등불은 꺼지리라

21 내 아들아 여호와와 왕을 경외하고
　반역자와 더불어 사귀지 말라

22 대저 그들의 재앙은 속히 임하리니 그 둘의
　멸망을 누가 알랴

12 「できなかったのだ」などと言っても／
　心を調べる方は見抜いておられる。／魂
　を見守る方はご存じだ。／人の行いに応
　じて報いを返される。

13 わが子よ、蜜を食べてみよ、それは美味
　だ。／滴る蜜は口に甘い。

14 そのように、魂にとって知恵は美味だと
　知れ。／それを見いだすなら、確かに未
　来はある。／あなたの希望が断たれるこ
　とはない。

15 神に逆らう者よ、神に従う人の住みかを
　狙うな。／その憩いの場で暴力を振るう
　な。

16 神に従う人は七度倒れても起き上がる。
　／神に逆らう者は災難に遭えばつまず
　く。

17 敵が倒れても喜んではならない。／彼が
　つまずいても心を躍らせるな。

18 主がそういうあなたを見て不快とされる
　なら／彼への怒りを翻されるであろう。

19 悪事を働く者に怒りを覚えたり／主に逆
　らう者のことに心を燃やすことはない。

20 悪者には未来はない。／主に逆らう者の
　灯は消える。

21 わが子よ、主を、そして王を、畏れよ。
　／変化を求める者らと関係を持つな。

22 突然、彼らの不幸は始まる。／この両者
　が下す災難を誰が知りえよう。

12 Don't say, "I didn't know it!" God can read your mind. He watches each of us and knows our thoughts. And God will·pay us back for what we do.

-26-

13 Honey is good for you, my children, and it tastes sweet.

14 Wisdom is like honey for your life— if you find it, your future is bright.

-27-

15 Don't be a cruel person who attacks good people and hurts their families.

16 Even if good people fall seven times, they will get back up. But when trouble strikes the wicked, that's the end of them.

-28-

17 Don't be happy to see your enemies trip and fall down.

18 The LORD will find out and be unhappy. Then he will stop being angry with them.

-29-

19 Don't let evil people worry you or make you jealous.

20 They will soon be gone like the flame of a lamp that burns out.

-30-

21 My children, you must respect the LORD and the king, and you must not make friends with anyone who rebels against either of them.

22 Who knows what sudden disaster the LORD or a ruler might bring?

12 你也许以为事不干己，但上帝要按照你的动机审判你。他鉴察你，洞悉你的内心。他要照你的行为来定赏罚。

-26-

13 年轻人哪，要吃蜂蜜，那是好的。你吃从蜂房取下的蜜觉得甘甜。

14 智慧和知识对你的心灵也是一样，你若得着，前途必然光明，希望不致破灭。

-27-

15 不可图谋劫夺义人；不要毁坏他的家，因为那是邪恶的事。

16 义人屡次跌倒，总会再站起来；但灾祸要毁灭邪恶的人。

-28-

17 看见敌人遭殃不要高兴；仇敌跌倒不要欢喜。

18 上主鉴察你；他不喜欢你存这样的心；也许他会因而不惩罚你的敌人。

-29-

19 不要因作恶的人得意而心怀不平；不要羡慕他们。

20 邪恶人没有前途，没有盼望。

-30-

21 年轻人哪，要敬畏上主，尊敬君王。不要跟叛逆的人一伙；

22 这种人转眼灭亡。你不知道上帝或君王会施刑罚又能降灾吗？

23 이것도 지혜로운 자들의 말씀이라 재판할
때에 낯을 보아 주는 것이 옳지 못하니라

24 악인에게 네가 옳다 하는 자는 백성에게
저주를 받을 것이요 국민에게 미움을
받으려니와

25 오직 그를 견책하는 자는 기쁨을 얻을
것이요 또 좋은 복을 받으리라

26 적당한 말로 대답함은 입맞춤과 같으니라

27 네 일을 밖에서 다스리며 너를 위하여
밭에서 준비하고 그 후에 네 집을
세울지니라

28 너는 까닭 없이 네 이웃을 쳐서 증인이 되지
말며 네 입술로 속이지 말지니라

29 너는 그가 내게 행함 같이 나도 그에게
행하여 그가 행한 대로 그 사람에게 갚겠다
말하지 말지니라

30 내가 게으른 자의 밭과 지혜 없는 자의
포도원을 지나며 본즉

31 가시덤불이 그 전부에 퍼졌으며 그 지면이
거친 풀로 덮였고 돌담이 무너져 있기로

32 내가 보고 생각이 깊었고 내가 보고 훈계를
받았노라

33 네가 좀더 자자, 좀더 졸자, 손을 모으고 좀더
누워 있자 하니

34 네 빈궁이 강도 같이 오며 네 곤핍이 군사
같이 이르리라

賢人の言葉 (二)

23 これらもまた、賢人の言葉である。／
裁判でえこひいきをするのは良くない。

24 罪ある者を正しいと宣言するなら／すべ
ての民に呪われ、すべての国にののしら
れる。

25 罪ある者を懲らしめる人は喜ばれる。／
恵みと祝福がその上にある。

26 正しい答えをする人は、くちづけをする
人。

27 外ではあなたの仕事を準備し、畑を整え
／それから、家を築くがよい。

28 いいかげんに友人の証人となってはなら
ない。／自分の唇で惑わされたいのか。

29 「人がわたしにするように／わたしもそ
の人に対してしよう。／それぞれの行い
に応じて報いよう」とは／あなたの言う
べきことではない。

30 怠け者の畑の傍らを／意志の弱い者のぶ
どう畑の傍らを、通ってみた。

31 見よ、いらくさが一面に茂り／あざみが
覆い尽くし、石垣は崩れていた。

32 わたしはそれに心を向け、観察した。／
それを見て、諭しを得た。

33 「しばらく眠り、しばらくまどろみ／手
をこまぬいて、またしばらく横になる。

34 貧乏は盗賊のように／欠乏は盾を取る者
のように襲う。」

More Sayings That Make Good Sense

23 Here are some more sayings
that make good sense: When
you judge, you must be fair.

24 If you let the guilty go free, people of
all nations will hate and curse you.

25 But if you punish the guilty, things will
go well for you, and you will prosper.

26 Giving an honest answer is a
sign of true friendship.

27 Get your fields ready and plant
your crops before starting a home.

28 Don't accuse anyone who isn't
guilty. Don't ever tell a lie

29 or say to someone, "I'll
get even with you!"

30 I once walked by the field and
the vineyard of a lazy fool.

31 Thorns and weeds were everywhere,
and the stone wall had fallen down.

32 When I saw this, it taught me a lesson:

33 Sleep a little. Doze a little. Fold your
hands and twiddle your thumbs.

34 Suddenly poverty hits you
and everything is gone!

其他智言

23 智者又说了下面的话：
当法官的，不可有偏见。

24 如果他判有罪的人无罪，
要受天下人诅咒，憎恨。

25 惩罚罪犯的法官自然亨通，得享美誉。

26 诚实的应答表示真挚的友谊。

27 要先有谋生的把握，又预备好田地，
然后再建造房屋，成家立业。

28 不可无故作证陷害邻舍；
不可曲解案情。

29 不可说：「他怎样待我，我也怎样待
他。我要报复！」

30 我走过懒惰人的田地和愚昧人的葡萄
园，

31 只见荆棘丛生，杂草遍地，
周围的石墙都倒塌了。

32 我一面观看，一面思想，得到了一个教
训：

33 尽管你只打个盹，睡个觉，
抱着手休息片刻，

34 但当你沉睡的时候，
贫穷要像带武器的匪类来袭击你。

<table>
<tr><td>

제 25 장

솔로몬의 잠언

1 이것도 솔로몬의 잠언이요 유다 왕
　히스기야의 신하들이 편집한 것이니라

2 일을 숨기는 것은 하나님의 영화요 일을
　살피는 것은 왕의 영화니라

3 하늘의 높음과 땅의 깊음 같이 왕의 마음은
　헤아릴 수 없느니라

4 은에서 찌꺼기를 제하라 그리하면 장색의
　쓸 만한 그릇이 나올 것이요

5 왕 앞에서 악한 자를 제하라 그리하면 그의
　왕위가 의로 말미암아 견고히 서리라

6 왕 앞에서 스스로 높은 체하지 말며
　대인들의 자리에 서지 말라

7 이는 사람이 네게 이리로 올라오라고
　말하는 것이 네 눈에 보이는 귀인 앞에서
　저리로 내려가라고 말하는 것보다
　나음이니라

8 너는 서둘러 나가서 다투지 말라 마침내
　네가 이웃에게서 욕을 보게 될 때에 네가
　어찌할 줄을 알지 못할까 두려우니라

9 너는 이웃과 다투거든 변론만 하고 남의
　은밀한 일은 누설하지 말라

10 듣는 자가 너를 꾸짖을 터이요 또 네게 대한
　악평이 네게서 떠나지 아니할까 두려우니라

11 경우에 합당한 말은 아로새긴 은 쟁반에 금
　사과니라

12 슬기로운 자의 책망은 청종하는 귀에 금
　고리와 정금 장식이니라

13 충성된 사자는 그를 보낸 이에게 마치
　추수하는 날에 얼음 냉수 같아서 능히 그
　주인의 마음을 시원하게 하느니라

14 선물한다고 거짓 자랑하는 자는 비 없는
　구름과 바람 같으니라

15 오래 참으면 관원도 설득할 수 있나니
　부드러운 혀는 뼈를 꺾느니라

</td><td>

第25章

ソロモンの箴言（補遺）

1 これらもまた、ソロモンの箴言である。
　／ユダの王ヒゼキヤのもとにある人々が
　筆写した。

2 ことを隠すのは神の誉れ／ことを極める
　のは王の誉れ。

3 天の高さと地の深さ、そして王の心の極
　め難さ。

4 銀から不純物を除け。／そうすれば細工
　人は器を作ることができる。

5 王の前から逆らう者を除け。／そうすれ
　ば王位は正しく継承される。

6 王の前でうぬぼれるな。／身分の高い
　人々の場に立とうとするな。

7 高貴な人の前で下座に落とされるよりも
　／上座に着くようにと言われる方がよ
　い。／何ごとかを目にしても

8 性急に争いの場に引き出そうとするな。
　／そのため友人に嘲られることになった
　ら／将来どうするつもりか。

9 自分のことについて友人と言い争うのは
　よいが／他人の秘密を漏らしてはならな
　い。

10 それを聞いた人があなたを恥に落とし／
　あなたの悪評は去らないであろう。

11 時宜にかなって語られる言葉は／銀細工
　に付けられた金のりんご。

12 聞き分ける耳に与えられる賢い懲らしめ
　は／金の輪、純金の飾り。

13 忠実な使者は遣わす人にとって／刈り入
　れの日の冷たい雪。／主人の魂を生き返
　らせる。

14 雨雲が垂れこめ風が吹くのに雨が降らな
　い。／与えもしない贈り物について吹聴
　する人。

15 忍耐強く対すれば隊長も誘いに応じる。
　／穏やかに語る舌は骨をも砕く。

</td></tr>
</table>

Chapter 25

More of Solomon's Wise Sayings

1 Here are more of Solomon's proverbs. They were copied by the officials of King Hezekiah of Judah.

2 God is praised for being mysterious; rulers are praised for explaining mysteries.

3 Who can fully understand the thoughts of a ruler? They reach beyond the sky and go deep in the earth.

4 Silver must be purified before it can be used to make something of value.

5 Evil people must be removed before anyone can rule with justice.

6 Don't try to seem important in the court of a ruler.

7 It's better for the ruler to give you a high position than for you to be embarrassed in front of royal officials. Be sure you are right

8 before you sue someone, or you might lose your case and be embarrassed.

9 When you and someone else can't get along, don't gossip about it.[r]

10 Others will find out, and your reputation will then be ruined.

11 The right word at the right time is like precious gold set in silver.

12 Listening to good advice is worth much more than jewelry made of gold.

13 A messenger you can trust is just as refreshing as cool water in summer.

14 Broken promises are worse than rain clouds that don't bring rain.

15 Patience and gentle talk can convince a ruler and overcome any problem.

第 25 章

所罗门的箴言（续）

1 以下所记的话也是所罗门的箴言，是犹大王希西家宫廷的人抄录的。

2 上帝的荣耀在于隐藏奥秘；

君王的光荣在于辨明是非。

3 君王的心无从了解；他的思想像天空一般高，海洋一般深，无法探测。

4 先除去银子的渣滓，银匠才能铸造精致的器皿。

5 先清除君王左右的小人，政权才能建立在正义的基础上。

6 你不可在王面前妄自尊大，想引起王的注意。

7 宁可等人请你坐高位，不要让人请你下座，让位给比你重要的人。

8 不可贸然出庭作证；倘若有其他证人指证你的错误，你怎么办呢？

9 你跟邻舍有什么纠纷，就得私下和解。不可泄露别人的秘密；

10 否则，你将被视为不能守秘密的人，且无法摆脱这种羞辱。

11 一句话表达得合宜，就像金苹果放在银盘中。

12 经验丰富的人所提出的警告，对愿意领受的人来说，比金耳环和纯金制成的饰物更有价值。

13 可靠的使者使差他的人心神爽快，正像收割时炎阳下的凉水一样。

14 空口答允赠送礼物的人，正像有风有云而无雨。

15 耐心的劝导能击破坚强的抗拒，甚至能说服当权的人。

---

r) When. . . it: Or "Settle a problem privately between you and your neighbor and don't involve others."

16 너는 꿀을 보거든 족하리만큼 먹으라
　　과식함으로 토할까 두려우니라

17 너는 이웃집에 자주 다니지 말라 그가 너를
　　싫어하며 미워할까 두려우니라

18 자기의 이웃을 쳐서 거짓 증거하는 사람은
　　방망이요 칼이요 뾰족한 화살이니라

19 환난 날에 진실하지 못한 자를 의뢰하는
　　것은 부러진 이와 위골된 발 같으니라

20 마음이 상한 자에게 노래하는 것은 추운
　　날에 옷을 벗음 같고 소다 위에 식초를 부음
　　같으니라

21 네 원수가 배고파하거든 음식을 먹이고
　　목말라하거든 물을 마시게 하라

22 그리 하는 것은 핀 숯을 그의 머리에 놓는
　　것과 일반이요 여호와께서 네게 갚아
　　주시리라

23 북풍이 비를 일으킴 같이 참소하는 혀는
　　사람의 얼굴에 분을 일으키느니라

24 다투는 여인과 함께 큰 집에서 사는 것보다
　　1)움막에서 혼자 사는 것이 나으니라

25 먼 땅에서 오는 좋은 기별은 목마른
　　사람에게 냉수와 같으니라

26 의인이 악인 앞에 굴복하는 것은 우물이
　　흐려짐과 샘이 더러워짐과 같으니라

27 꿀을 많이 먹는 것이 좋지 못하고 자기의
　　영예를 구하는 것이 헛되니라

28 자기의 마음을 제어하지 아니하는 자는
　　성읍이 무너지고 성벽이 없는 것과
　　같으니라

16 蜂蜜を見つけたら欲しいだけ食べるがよ
　　い。／しかし食べ過ぎて吐き出すことに
　　ならぬように。

17 友人の家に足を運ぶのはまれにせよ／飽
　　きられ、嫌われることのないように。

18 こん棒、剣、鋭い矢／友人に対して偽証
　　を立てる者。

19 悪い歯、よろめく足／苦難の襲うとき、
　　欺く者を頼りにすること。

20 寒い日に衣を脱がせる者／ソーダの上に
　　酢を注ぐ者／苦しむ心に向かって歌をう
　　たう者。

21 あなたを憎む者が飢えているならパンを
　　与えよ。／渇いているなら水を飲ませ
　　よ。

22 こうしてあなたは炭火を彼の頭に積む。
　　／そして主があなたに報いられる。

23 北風は雨をもたらし／陰口をたたく舌は
　　憤りの表情をもたらす。

24 いさかいの好きな妻と一緒に家にいるよ
　　りは／屋根の片隅に座っている方がよ
　　い。

25 渇いた喉に冷い水、遠い地からの良い便
　　り。

26 泉が踏み汚され、水源が荒らされる。／
　　神に従う人が神に逆らう者の前によろめ
　　く。

27 蜂蜜を食べ過ぎればうまさは失われる。
　　／名誉を追い求めれば名誉は失われる。

28 侵略されて城壁の滅びた町。／自分の霊
　　を制しえない人。

---

1) 지붕 한 모퉁이에서

16 Eating too much honey
can make you sick.

17 Don't visit friends too often, or they
will get tired of it and start hating you.

18 Telling lies about friends is like
attacking them with clubs and
swords and sharp arrows.

19 A friend you can't trust in
times of trouble is like having
a toothache or a sore foot.

20 Singing to someone in deep sorrow is
like pouring vinegar in an open cut. [s]

21 If your enemies are hungry, give them
something to eat. And if they are
thirsty, give them something to drink.

22 This will be the same as piling
burning coals on their heads. And
the LORD will reward you.

23 As surely as rain blows in from the
north, anger is caused by cruel words.

24 It's better to stay outside on the
roof of your house than to live
inside with a nagging wife.

25 Good news from far away refreshes
like cold water when you are thirsty.

26 When a good person gives in to the
wicked, it's like dumping garbage
in a stream of clear water.

27 Don't eat too much honey
or always want praise. [t]

28 Losing self-control leaves you as
helpless as a city without a wall.

16 别吃过量的蜂蜜，多吃会使你呕吐。

17 不要常常访问邻舍，恐怕他厌烦你，
怀恨你。

18 作假证陷害邻舍，跟利剑、大槌，
和快箭一样会置人死命。

19 患难时倚靠不可靠的人，
正像用坏牙咀嚼，用跛腿行走。

20 对伤心的人唱歌，就如在冷天脱掉衣
服，在伤口上擦盐。

21 你的仇敌饿了，就给他吃，渴了，
就给他喝。

22 你这样做，会使他脸红耳赤，
羞惭交加，上主也要报答你。

23 诽谤带来忿怒，正如北风带来暴雨。

24 宁愿住在屋顶的一角，不跟爱唠叨的妻
子同住一屋。

25 听见了远方传来的好消息，
正像口渴时喝了一杯凉水。

26 义人在邪恶人面前退却，正像搅浑了的
泉水或污染了的井水。

27 吃了过量的蜂蜜不好；
想赢得过分的赞扬同样可厌。

28 性情暴躁的人就像一个不设防的城邑，
易受攻击。

---

s) cut: One possible meaning for the
difficult Hebrew text of verse 20.

t) or. . . praise: One possible meaning
for the difficult Hebrew text.

제 26 장	第26章

1 미련한 자에게는 영예가 적당하지 아니하니 마치 여름에 눈 오는 것과 추수 때에 비 오는 것 같으니라

2 까닭 없는 저주는 참새가 떠도는 것과 제비가 날아가는 것 같이 이루어지지 아니하느니라

3 말에게는 채찍이요 나귀에게는 재갈이요 미련한 자의 등에는 막대기니라

4 미련한 자의 어리석은 것을 따라 대답하지 말라 두렵건대 너도 그와 같을까 하노라

5 미련한 자에게는 그의 어리석음을 따라 대답하라 두렵건대 그가 스스로 지혜롭게 여길까 하노라

6 미련한 자 편에 기별하는 것은 자기의 발을 베어 버림과 해를 받음과 같으니라

7 저는 자의 다리는 힘 없이 달렸나니 미련한 자의 입의 잠언도 그러하니라

8 미련한 자에게 영예를 주는 것은 돌을 물매에 매는 것과 같으니라

9 미련한 자의 입의 잠언은 술 취한 자가 손에 든 가시나무 같으니라

10 장인이 온갖 것을 만들지라도 미련한 자를 고용하는 것은 지나가는 행인을 고용함과 같으니라

11 개가 그 토한 것을 도로 먹는 것 같이 미련한 자는 그 미련한 것을 거듭 행하느니라

12 네가 스스로 지혜롭게 여기는 자를 보느냐 그보다 미련한 자에게 오히려 희망이 있느니라

13 게으른 자는 길에 사자가 있다 거리에 사자가 있다 하느니라

14 문짝이 돌쩌귀를 따라서 도는 것 같이 게으른 자는 침상에서 도느니라

15 게으른 자는 그 손을 그릇에 넣고도 입으로 올리기를 괴로워하느니라

1 夏の雪、刈り入れ時の雨のように／愚か者に名誉はふさわしくない。

2 鳥は渡って行くもの、つばめは飛び去るもの。／理由のない呪いが襲うことはない。

3 馬に鞭、ろばにくつわ／愚か者の背には杖。

4 愚か者にはその無知にふさわしい答えをするな／あなたが彼に似た者とならぬために。

5 愚か者にはその無知にふさわしい答えをせよ。／彼が自分を賢者だと思い込まぬために。

6 愚か者に物事を託して送る者は／足を切られ、不法を呑み込まされる。

7 愚か者の口にすることわざは／歩けない人の弱い足。

8 愚か者に名誉を与えるのは／石投げ紐に石を袋ごとつがえるようなものだ。

9 愚か者の口にすることわざは／酔っぱらいの手に刺さるとげ。

10 愚か者を雇い、通りすがりの人を雇うのは／射手が何でもかまわず射抜くようなものだ。

11 犬が自分の吐いたものに戻るように／愚か者は自分の愚かさを繰り返す。

12 自分を賢者と思い込んでいる者を見たか。／彼よりは愚か者の方がまだ希望が持てる。

13 怠け者は言う／「道に獅子が、広場に雄獅子が」と。

14 扉はちょうつがいに乗って回転する。／怠け者は寝床の上で寝返りを打つ。

15 怠け者は鉢に手を突っ込むが／口にその手を返すことをおっくうがる。

<table>
<tr><td>

Chapter 26

Don't Be a Fool

1 Expecting snow in summer and
rain in the dry season makes more
sense than honoring a fool.

2 A curse you don't deserve will
take wings and fly away like
a sparrow or a swallow.

3 Horses and donkeys must be beaten
and bridled— and so must fools.

4 Don't make a fool of yourself
by answering a fool.

5 But if you answer any fools,
show how foolish they are,
so they won't feel smart.

6 Sending a message by a fool
is like chopping off your foot
and drinking poison.

7 A fool with words of wisdom is like
an athlete with legs that can't move.[u]

8 Are you going to honor a fool?
Why not shoot a slingshot
with the rock tied tight?

9 A thornbush waved around in the
hand of a drunkard is no worse than
a proverb in the mouth of a fool.

10 It's no smarter to shoot arrows at
every passerby than it is to hire a
bunch of worthless nobodies.[v]

11 Dogs return to eat their vomit, just
as fools repeat their foolishness.

12 There is more hope for a fool than for
someone who says, "I'm really smart!"

13 Don't be lazy and keep saying,
"There's a lion outside!"

14 A door turns on its hinges, but a
lazy person just turns over in bed.

15 Some of us are so lazy that we won't
lift a hand to feed ourselves.

</td><td>

第 26 章

1 赞扬愚昧人，无异夏天降雪，
收割时下雨，都不适宜。

2 无理的诅咒只像鸟儿飞来飞去，
不能加害于人。

3 用鞭子打马，用嚼环勒住驴口，
对愚昧人也得动用棍子。

4 回答愚蠢的问题，
等于跟发问的人一样愚蠢。

5 要用愚蠢人的话回答愚蠢人；这样，发
问的人就会知道，他并不如自己所想的
那么聪明。

6 托愚昧人传送消息，
无异砍断自己的脚，自找麻烦。

7 愚昧人引用箴言，
正像瘸子使用他的脚。

8 赞扬愚昧人，
有如把大石块放在弓弦上发射。

9 愚昧人引用智言，
正像醉汉想拔出手上的刺。

10 雇主随便雇用愚昧人，
会使每一个有关的人都受损害。

11 愚蠢人一再做愚蠢事，
就如狗回头吃它所吐出的东西。

12 胸无一策而自以为聪明的人，
连最愚蠢的人也胜过他。

13 懒惰人待在家里，
他怕什么呢？怕外面的狮子吗？

14 懒惰人在床上翻来覆去，
就像门扇在枢纽上旋转。

15 懒惰人伸手取食，
连放进自己口里也嫌麻烦。

</td></tr>
</table>

u) with. . . move: One possible meaning
for the difficult Hebrew text.

v) nobodies: One possible meaning for the
difficult Hebrew text of verse 10.

16 게으른 자는 사리에 맞게 대답하는 사람
일곱보다 자기를 지혜롭게 여기느니라

17 길로 지나가다가 자기와 상관 없는 다툼을
간섭하는 자는 개의 귀를 잡는 자와
같으니라

18 횃불을 던지며 화살을 쏘아서 사람을
죽이는 미친 사람이 있나니

19 자기의 이웃을 속이고 말하기를 내가
희롱하였노라 하는 자도 그러하니라

20 나무가 다하면 불이 꺼지고 말쟁이가
없어지면 다툼이 쉬느니라

21 숯불 위에 숯을 더하는 것과 타는 불에
나무를 더하는 것 같이 다툼을 좋아하는
자는 시비를 일으키느니라

22 남의 말 하기를 좋아하는 자의 말은 별식과
같아서 뱃속 깊은 데로 내려가느니라

23 온유한 입술에 악한 마음은 낮은 은을 입힌
토기니라

24 원수는 입술로는 꾸미고 속으로는 속임을
품나니

25 그 말이 좋을지라도 믿지 말 것은 그 마음에
일곱 가지 가증한 것이 있음이니라

26 속임으로 그 미움을 감출지라도 그의 악이
회중 앞에 드러나리라

27 함정을 파는 자는 그것에 빠질 것이요 돌을
굴리는 자는 도리어 그것에 치이리라

28 거짓말 하는 자는 자기가 해한 자를
미워하고 아첨하는 입은 패망을
일으키느니라

16 怠け者は自分を賢者だと思い込む／聡明
な答えのできる人七人にもまさって。

17 通行人が自分に関係のない争いに興奮す
るのは／犬の耳をつかむようなものだ。

18 分別を失った者が、火矢を、死の矢を射
る。

19 友人を欺く者はそれに等しい。／しか
も、「ふざけただけではないか」と言
う。

20 木がなければ火は消える。／陰口を言う
者が消えればいさかいは鎮まる。

21 炎には炭、火には木／争いを燃え上がら
せるのはいさかい好きな者。

22 陰口は食べ物のように呑み込まれ／腹の
隅々に下って行く。

23 唇は燃えていても心に悪意を抱いている
者は／混じりもののある銀で覆った土器
のよう。

24 唇をよそおっていても憎悪を抱いている
者は／腹に欺きを蔵している。

25 上品な声を出すからといって信用するな
／心には七つの忌むべきことを持ってい
る。

26 憎しみはごまかし隠しても／その悪は
会衆の中で露見する。

27 穴を掘る者は自分がそこに落ち／石を転
がせばその石は自分に返ってくる。

28 うそをつく舌は憎んで人を砕き／滑らか
な舌はつまずきを作る。

16 A lazy person says, "I am smarter than everyone else."

17 It's better to take hold of a mad dog by the ears than to take part in someone else's argument.

18 It's no crazier to shoot sharp and flaming arrows

19 than to cheat someone and say, "I was only fooling!"

20 Where there is no fuel a fire goes out; where there is no gossip arguments come to an end.

21 Troublemakers start trouble, just as sparks and fuel start a fire.

22 There is nothing so delicious as the taste of gossip! It melts in your mouth.

23 Hiding hateful thoughts behind smooth[w] talk is like coating a clay pot with a cheap glaze.

24 The pleasant talk of an enemy hides more evil plans

25 than can be counted— so don't believe a word!

26 Everyone will see through those evil plans.

27 If you dig a pit, you will fall in; if you start a stone rolling, it will roll back on you.

28 Watch out for anyone who tells lies and flatters— they are out to get you.

16 懒惰人以为自己比七个对答如流的人更有智慧。

17 事不干己而跟人争吵，
等于上街去揪住野狗的耳朵。

18-19 欺哄邻舍，却说是逢场作戏，
无异疯子玩弄杀人武器。

20 没有木头，火就熄灭；

没有闲话，纷争就止息。

21 炭上加炭，火上添柴，
好争吵的人煽动纷争正是这样。

22 闲话有如珍馐美味，一进口就吞下去。

23 言不由衷，
犹如粗糙的陶器涂上一层白银。

24 伪善的人用花言巧语掩盖仇恨的心。

25 话虽温和，不可信他，
因他心里充满憎恨。

26 他也许能掩盖憎恨，但众目睽睽，
都看出他的恶行。

27 挖陷阱的，自己掉了进去；
滚石头的，石头滚在自己身上。

28 虚伪的舌头指向所憎恨的人；
谄媚的嘴巴造成伤害。

---

w) smooth: One ancient translation; Hebrew "hateful."

제 27 장

1 너는 내일 일을 자랑하지 말라 하루 동안에 무슨 일이 일어날는지 네가 알 수 없음이니라

2 타인이 너를 칭찬하게 하고 네 입으로는 하지 말며 외인이 너를 칭찬하게 하고 네 입술로는 하지 말지니라

3 돌은 무겁고 모래도 가볍지 아니하거니와 미련한 자의 분노는 이 둘보다 무거우니라

4 분은 잔인하고 노는 창수 같거니와 투기 앞에야 누가 서리요

5 면책은 숨은 사랑보다 나으니라

6 친구의 아픈 책망은 충직으로 말미암는 것이나 원수의 잦은 입맞춤은 거짓에서 난 것이니라

7 배부른 자는 꿀이라도 [1]싫어하고 주린 자에게는 쓴 것이라도 다니라

8 고향을 떠나 유리하는 사람은 보금자리를 떠나 떠도는 새와 같으니라

9 기름과 향이 사람의 마음을 즐겁게 하나니 친구의 충성된 권고가 이와 같이 아름다우니라

10 네 친구와 네 아비의 친구를 버리지 말며 네 환난 날에 형제의 집에 들어가지 말지어다 가까운 이웃이 먼 형제보다 나으니라

11 내 아들아 지혜를 얻고 내 마음을 기쁘게 하라 그리하면 나를 비방하는 자에게 내가 대답할 수 있으리라

12 슬기로운 자는 재앙을 보면 숨어 피하여도 어리석은 자들은 나가다가 해를 받느니라

13 타인을 위하여 보증 선 자의 옷을 취하라 외인들을 위하여 보증 선 자는 그의 몸을 볼모 잡을지니라

14 [2]이른 아침에 큰 소리로 자기 이웃을 축복하면 도리어 저주 같이 여기게 되리라

第27章

1 明日のことを誇るな。／一日のうちに何が生まれるか知らないのだから。

2 自分の口で自分をほめず、他人にほめてもらえ。／自分の唇でではなく、異邦人にほめてもらえ。

3 石は重く、砂も目方がかかる。／無知な者が不機嫌なのはどちらよりも重い。

4 憤りは残忍、怒りは洪水。／ねたみの前に誰が耐ええようか。

5 あらわな戒めは、隠された愛にまさる。

6 愛する人の与える傷は忠実さのしるし／憎む人は数多くの接吻を与える。

7 飽き足りている人は蜂の巣の滴りも踏みつける。／飢えている人には苦いものも甘い。

8 鳥が巣から飛び去るように／人もその置かれたところから移って行く。

9 香油も香りも心を楽しませる。／友人の優しさは自分の考えにまさる。

10 あなたの友人、父の友人を捨てるな。／災いの日に、あなたの兄弟の家には行くな。／近い隣人は遠い兄弟にまさる。

11 わが子よ、知恵を得てわたしの心を楽しませよ。／そうすれば／わたしを嘲る者に言葉を返すことができる。

12 思慮深い人は災難が来ると見れば身を隠す。／浅はかな者は通り抜けようとして痛い目に遭う。

13 他国の者を保証する人からは着物を預かれ。／他国の女を保証する人からは抵当を取れ。

14 友人への祝福も、早朝に大声でするなら／それは呪いと見なされる。

---

1) 밟고
2) 부지런히

Chapter 27 | 第 27 章

Don't Brag about Tomorrow

1 Don't brag about tomorrow! Each day brings its own surprises.

2 Don't brag about yourself— let others praise you.

3 Stones and sand are heavy, but trouble caused by a fool is a much heavier load.

4 An angry person is dangerous, but a jealous person is even worse.

5 A truly good friend will openly correct you.

6 You can trust a friend who corrects you, but kisses from an enemy are nothing but lies.

7 If you have had enough to eat, honey doesn't taste good, but if you are really hungry, you will eat anything.

8 When you are far from home, you feel like a bird without a nest.

9 The sweet smell of incense can make you feel good, but true friendship is better still. [x)]

10 Don't desert an old friend of your family or visit your relatives when you are in trouble. A friend nearby is better than relatives far away.

11 My child, show good sense! Then I will be happy and able to answer anyone who criticizes me.

12 Be cautious and hide when you see danger— don't be stupid and walk right into trouble.

13 Don't loan money to a stranger unless you are given something to guarantee payment.

14 A loud greeting early in the morning is the same as a curse.

---

1 不要为明天夸口，因为你不知道每天所要发生的事。

2 让别人夸奖你，甚至让陌生人夸奖你；你可不要自夸。

3 石头、沙土虽重，但是愚昧人造成的祸患更重。

4 忿怒残酷而具破坏性，然而嫉妒更加可怕。

5 公开的谴责强过做作的爱。

6 朋友所加的创伤是出于善意；

敌人的拥抱，必须当心。

7 饱足的人拒绝蜂蜜；饥饿的人连苦涩的食物也觉得甘甜。

8 离乡背井的人正像鸟儿离巢远飞。

9 香料和膏油使人欢悦；深厚的友谊使人鼓舞。

10 不要离弃朋友，或父亲的朋友。遭难时不要向亲人求助，因为邻近的朋友胜过远方的亲人。

11 年轻人哪，要明智，我就高兴，使我有话回答讥笑我的人。

12 机警的人遇见灾祸就躲开；愚昧人上前受害，然后懊悔。

13 为陌生人作保的【14】，就得用自己的衣物作抵押。

14 清晨吵醒朋友，大声为他祝福，等于是诅咒他。

---

x) still: One possible meaning for the difficult Hebrew text of verse 9.

【14】「为陌生人作保的」是根据一古译本，希伯来文是「为陌生人或不贞的女人作保的」。

15 다투는 여자는 비 오는 날에 이어 떨어지는 물방울이라

16 그를 제어하기가 바람을 제어하는 것 같고 오른손으로 기름을 움키는 것 같으니라

17 철이 철을 날카롭게 하는 것 같이 사람이 그의 친구의 얼굴을 3)빛나게 하느니라

18 무화과나무를 지키는 자는 그 과실을 먹고 자기 주인에게 시중드는 자는 영화를 얻느니라

19 물에 비치면 얼굴이 서로 같은 것 같이 사람의 마음도 서로 비치느니라

20 스올과 4)아바돈은 만족함이 없고 사람의 눈도 만족함이 없느니라

21 도가니로 은을, 풀무로 금을, 칭찬으로 사람을 단련하느니라

22 미련한 자를 곡물과 함께 절구에 넣고 공이로 찧을지라도 그의 미련은 벗겨지지 아니하느니라

23 네 양 떼의 형편을 부지런히 살피며 네 소 떼에게 마음을 두라

24 대저 재물은 영원히 있지 못하나니 면류관이 어찌 대대에 있으랴

25 풀을 벤 후에는 새로 움이 돋나니 산에서 꼴을 거둘 것이니라

26 어린 양의 털은 네 옷이 되며 염소는 밭을 사는 값이 되며

27 염소의 젖은 넉넉하여 너와 네 집의 음식이 되며 네 여종의 먹을 것이 되느니라

15 降りしきる雨の日に滴り続けるしずくと／いさかい好きな妻は似ている。

16 彼女を制する者は風をも制する。／彼は香油をその右の手の力と呼ぶ。

17 鉄は鉄をもって研磨する。／人はその友によって研磨される。

18 いちじくの番人はいちじくを食べる。／主人を守る者は名誉を得る。

19 水が顔を映すように、心は人を映す。

20 陰府も滅びの国も飽き足りることがない。／人間の目も飽き足りることがない。

21 銀にはるつぼ、金には炉。／人は称賛によって試される。

22 無知な者を臼に入れて／穀物と共に杵でついても／無知は彼を去らない。

23 あなたの羊の様子をよく知っておけ。／群れに心を向けよ。

24 財産はとこしえに永らえるものではなく／冠も代々に伝わるものではない。

25 草は刈り取られ、また青草が現れ／山々の牧草は集められる。

26 羊はあなたの着物となり／雄山羊は畑の代価となる。

27 雌山羊の乳はあなたのパン、一家のパンとなり／あなたに仕える少女らを養う。

3) 히, 날카롭게
4) '죽음의 자리'라는 뜻

15 The steady dripping of rain and the
nagging of a wife are one and the same.

16 It's easier to catch the wind
or hold olive oil in your hand
than to stop a nagging wife.

17 Just as iron sharpens iron, friends
sharpen the minds of each other.

18 Take care of a tree, and you will
eat its fruit; look after your master,
and you will be praised.

19 You see your face in a mirror and
your thoughts in the minds of others.

20 Death and the grave are never
satisfied, and neither are we.

21 Gold and silver are tested in a red-hot
furnace, but we are tested by praise.

22 No matter how hard you beat a fool,
you can't pound out the foolishness.

23 You should take good care
of your sheep and goats,

24 because wealth and honor
don't last forever.

25 After the hay is cut and the new
growth appears and the harvest is over,

26 you can sell lambs and goats
to buy clothes and land.

27 From the milk of the goats, you can
make enough cheese to feed your
family and all your servants.

---

15 爱唠叨的妻子像霪雨滴滴答答；

16 要她安静犹如拦阻狂风，
或用手抓一把油。

17 朋友互相切磋，正如铁和铁磨利成刃。

18 看管无花果树的，有无花果吃；
伺候主人的必受器重。

19 水里照出的是自己的脸；
内心反映的是你自己。

20 阴间冥府填不满；
人的欲望难满足。

21 炉火锻炼金银；

称赞考验人品。

22 你把愚蠢人打个半死，
他仍然是那么愚蠢。

23 要小心看顾你的羊群，照料你的牲畜，

24 因为财富不能永保，冠冕也不能长存。

25 干草割去，山边的嫩草又出现，
野草又生长。

26 你可以剪羊毛作衣服，用卖山羊的钱购
买土地。

27 剩下的山羊有奶供养你和你的家人，
也维持女仆的生活。

<table>
<tr><td>

제 28 장

1 악인은 쫓아오는 자가 없어도 도망하나
　의인은 사자 같이 담대하니라

2 나라는 죄가 있으면 주관자가 많아져도
　명철과 지식 있는 사람으로 말미암아
　장구하게 되느니라

3 가난한 자를 학대하는 가난한 자는 곡식을
　남기지 아니하는 폭우 같으니라

4 율법을 버린 자는 악인을 칭찬하나 율법을
　지키는 자는 악인을 대적하느니라

5 악인은 정의를 깨닫지 못하나 여호와를
　찾는 자는 모든 것을 깨닫느니라

6 가난하여도 성실하게 행하는 자는
　부유하면서 굽게 행하는 자보다 나으니라

7 율법을 지키는 자는 지혜로운 아들이요
　음식을 탐하는 자와 사귀는 자는 아비를
　욕되게 하는 자니라

8 중한 변리로 자기 재산을 늘이는 것은
　가난한 사람을 불쌍히 여기는 자를 위해 그
　재산을 저축하는 것이니라

9 사람이 귀를 돌려 율법을 듣지 아니하면
　그의 기도도 가증하니라

10 정직한 자를 악한 길로 유인하는 자는
　스스로 자기 함정에 빠져도 성실한 자는
　복을 받느니라

11 부자는 자기를 지혜롭게 여기나 가난해도
　명철한 자는 자기를 살펴 아느니라

12 의인이 득의하면 큰 영화가 있고 악인이
　일어나면 사람이 숨느니라

13 자기의 죄를 숨기는 자는 형통하지 못하나
　죄를 자복하고 버리는 자는 불쌍히 여김을
　받으리라

</td><td>

第28章

1 神に逆らう者は追う者もないのに逃げ
　る。／神に従う人は若獅子のように自信
　がある。

2 反乱のときには国に首領となる者が多く
　出る。／分別と知識のある人ひとりによ
　って安定は続く。

3 貧しい者が弱者を搾取するのは／雨が洗
　い流してパンがなくなるようなものだ。

4 教えを捨てる者は神に逆らう者を賛美し
　／教えを守る者は彼らと闘う。

5 悪を行う者らは裁きを理解しない。／主
　を尋ね求める人々はすべてを理解する。

6 貧乏でも、完全な道を歩む人は／二筋の
　曲がった道を歩む金持ちより幸いだ。

7 教えを守るのは分別のある子。／放蕩者
　と交わる者はその父を辱める。

8 利息、高利で財産を殖やす者は／集めて
　も、弱者を憐れむ人に渡すことになろ
　う。

9 教えに耳をそむけて聞こうとしない者は
　／その祈りも忌むべきものと見なされ
　る。

10 正しい人を悪の道に迷い込ませる者は／
　自分の掘った穴に落ちる。／無垢な人々
　は良い嗣業を受ける。

11 金持ちは自分を賢いと思い込む。／弱く
　ても分別ある人は彼を見抜く。

12 神に従う人々が喜び勇むと輝きは増し／
　神に逆らう者が興ると人は身を隠す。

13 罪を隠している者は栄えない。／告白し
　て罪を捨てる者は憐れみを受ける。

</td></tr>
</table>

Chapter 28

第 28 章

The Law of God Makes Sense

1 Wicked people run away when no one chases them, but those who live right are as brave as lions.

2 In time of civil war there are many leaders, but a sensible leader restores law and order.[y]

3 When someone poor takes over and mistreats the poor, it's like a heavy rain destroying the crops.

4 Lawbreakers praise criminals, but law-abiding citizens always oppose them.

5 Criminals don't know what justice means, but all who respect the LORD understand it completely.

6 It's better to be poor and live right, than to be rich and dishonest.

7 It makes good sense to obey the Law of God, but you disgrace your parents if you make friends with worthless nobodies.

8 If you make money by charging high interest rates, you will lose it all to someone who cares for the poor.

9 God cannot stand the prayers of anyone who disobeys his Law.

10 By leading good people to sin, you dig a pit for yourself, but all who live right will have a bright future.

11 The rich think highly of themselves, but anyone poor and sensible sees right through them.

12 When an honest person wins, it's time to celebrate; when crooks are in control, it's best to hide.

13 If you don't confess your sins, you will be a failure. But God will be merciful if you confess your sins and give them up.

1 邪恶人没有人追赶也逃跑；
正直人却像狮子一样勇敢。

2 国有罪过，政权不断转换；
国有贤君，必然长治久安。

3 暴君欺压穷人，正像暴风雨冲毁谷物。

4 违背法律的人赞同邪恶；
遵守法律的人反对邪恶。

5 邪恶人不晓得什么是正义；
寻求上主的人明白事理。

6 贫穷而正直，
胜过富贵而诡诈。

7 年轻人谨守法律就是聪明；
跟好吃懒做的人结交，难免羞辱自己的父亲。

8 以高利贷剥削他人致富的，他的财富终必落到体恤贫穷者的手中。

9 你若不遵守法律，
上帝必厌恶你的祷告。

10 引诱正直人作恶的，
要掉进自己的圈套；
纯洁的人将得奖赏。

11 有钱人往往自以为聪明；
明达的穷人却看穿了他的底细。

12 义人掌权，人人庆贺；
坏人当权，人人躲藏。

13 掩饰自己罪过的，不能有幸福的人生；
承认过失而悔改的，上帝要向他施仁慈。

---

y) but. . . order: One possible meaning for the difficult Hebrew text.

14 항상 경외하는 자는 복되거니와 마음을
　　완악하게 하는 자는 재앙에 빠지리라

15 가난한 백성을 압제하는 악한 관원은
　　부르짖는 사자와 주린 곰 같으니라

16 무지한 치리자는 포학을 크게 행하거니와
　　탐욕을 미워하는 자는 장수하리라

17 사람의 피를 흘린 자는 함정으로 달려갈
　　것이니 그를 막지 말지니라

18 성실하게 행하는 자는 구원을 받을 것이나
　　굽은 길로 행하는 자는 곧 넘어지리라

19 자기의 토지를 경작하는 자는 먹을 것이
　　많으려니와 방탕을 따르는 자는 궁핍함이
　　많으리라

20 충성된 자는 복이 많아도 속히 부하고자
　　하는 자는 형벌을 면하지 못하리라

21 사람의 낯을 보아 주는 것이 좋지 못하고
　　한 조각 떡으로 말미암아 사람이 범법하는
　　것도 그러하니라

22 악한 눈이 있는 자는 재물을 얻기에만
　　급하고 빈궁이 자기에게로 임할 줄은 알지
　　못하느니라

23 사람을 경책하는 자는 혀로 아첨하는
　　자보다 나중에 더욱 사랑을 받느니라

24 부모의 물건을 도둑질하고서도 죄가 아니라
　　하는 자는 멸망 받게 하는 자의 동류니라

25 욕심이 많은 자는 다툼을 일으키나
　　여호와를 의지하는 자는 풍족하게 되느니라

26 자기의 마음을 믿는 자는 미련한 자요
　　지혜롭게 행하는 자는 구원을 얻을 자니라

27 가난한 자를 구제하는 자는 궁핍하지
　　아니하려니와 못 본 체하는 자에게는
　　저주가 크리라

28 악인이 일어나면 사람이 숨고 그가
　　멸망하면 의인이 많아지느니라

14 いかに幸いなことか、常に恐れを抱いて
　　いる人。／心の頑な者は苦難に陥る。

15 獅子がうなり、熊が襲いかかる。／神に
　　逆らう者が弱い民を支配する。

16 指導者に英知が欠けると搾取が増す。／
　　奪うことを憎む人は長寿を得る。

17 流血の罪の重荷を負う者は、逃れて墓穴
　　に至る。／だれも彼を援助してはならな
　　い。

18 完全な道を歩む人は救われる。／二筋の
　　曲がった道を歩む者は直ちに倒れる。

19 自分の土地を耕す人はパンに飽き足り
　　る。／空を追う者は乏しさに飽き足り
　　る。

20 忠実な人は多くの祝福を受ける。／富む
　　ことにはやる者は罰せられずには済ま
　　ない。

21 人を偏り見るのはよくない。／だれでも
　　一片のパンのために罪を犯しうる。

22 貪欲な者は財産を得ようと焦る。／やっ
　　て来るのが欠乏だとは知らない。

23 人を懲らしめる者は／舌の滑らかな者よ
　　り喜ばれる。

24 父母のものをかすめて／「これは罪では
　　ない」と言う者は／滅ぼそうとたくらむ
　　者の仲間だ。

25 貪欲な者はいさかいを引き起こす。／主
　　に依り頼む人は潤される。

26 自分の心に依り頼む者は愚か者だ。／知
　　恵によって歩む人は救われる。

27 貧しい人に与える人は欠乏することがな
　　い。／目を覆っている者は多くの呪いを
　　受ける。

28 神に逆らう者が興ると人は身を隠し／彼
　　らが滅びると神に従う人がふえる。

14 The LORD blesses everyone who is afraid to do evil, but if you are cruel, you will end up in trouble.

15 A ruler who mistreats the poor is like a roaring lion or a bear hunting for food.

16 A heartless leader is a fool, but anyone who refuses to get rich by cheating others will live a long time.

17 Don't give help to murderers! Make them stay on the run for as long as they live.[z]

18 Honesty will keep you safe, but everyone who is crooked will suddenly fall.

19 Work hard, and you will have a lot of food; waste time, and you will have a lot of trouble.

20 God blesses his loyal people, but punishes all who want to get rich quick.

21 It isn't right to be unfair, but some people can be bribed with only a piece of bread.

22 Don't be selfish and eager to get rich— you will end up worse off than you can imagine.

23 Honest correction is appreciated more than flattery.

24 If you cheat your parents and don't think it's wrong, you are a common thief.

25 Selfish people cause trouble, but you will live a full life if you trust the LORD.

26 Only fools would trust what they alone think, but if you live by wisdom, you will do all right.

27 Giving to the poor will keep you from poverty, but if you close your eyes to their needs, everyone will curse you.

28 When crooks are in control, everyone tries to hide, but when they lose power, good people are everywhere.

14 敬畏上主，幸福无穷；
刚愎顽固，自取灭亡。

15 暴君辖制穷人，有如咆哮的狮子或觅食的熊。

16 统治者不明事理，必成暴君；
恨恶不义，必长治久安。

17 犯杀人罪的，是在自掘坟墓，
不必去阻止他。

18 行为正直的，得保安全；
行为诡诈的，必然跌倒。

19 勤劳的农夫粮食充足；
浪费光阴的人难免贫穷。

20 诚实的人满有幸福；
想发横财的，难逃惩罚。

21 心存偏私不对；
但有些法官竟为了一小块面包而枉法。

22 贪婪的人急于要发横财，却不晓得贫穷就要临到。

23 规劝别人的，往往比专说谄媚话的，
更受爱戴。

24 向父母行窃而不以为非的，
跟一般窃贼没有差别。

25 自私制造纷争；
信靠上主福泽无穷。

26 愚昧人一意孤行；
听从明达人的，必得安全。

27 周济贫穷的，从不缺乏；
见贫不救的，必受诅咒。

28 坏人当权，人人躲藏；
他们败亡，义人再起。

z) live: One possible meaning for the difficult Hebrew text of verse 17.

제 29 장

1 자주 책망을 받으면서도 목이 곧은 사람은
  갑자기 패망을 당하고 피하지 못하리라

2 의인이 많아지면 백성이 즐거워하고 악인이
  권세를 잡으면 백성이 탄식하느니라

3 지혜를 사모하는 자는 아비를 즐겁게
  하여도 창기와 사귀는 자는 재물을
  잃느니라

4 왕은 정의로 나라를 견고하게 하나
  뇌물을 억지로 내게 하는 자는 나라를
  멸망시키느니라

5 이웃에게 아첨하는 것은 그의 발 앞에
  그물을 치는 것이니라

6 악인이 범죄하는 것은 스스로 올무가 되게
  하는 것이나 의인은 노래하고 기뻐하느니라

7 의인은 가난한 자의 사정을 알아 주나
  악인은 알아 줄 지식이 없느니라

8 거만한 자는 성읍을 요란하게 하여도
  슬기로운 자는 노를 그치게 하느니라

9 지혜로운 자와 미련한 자가 다투면
  지혜로운 자가 노하든지 웃든지 그 다툼은
  그침이 없느니라

10 피 흘리기를 좋아하는 자는 온전한 자를
  미워하고 정직한 자의 생명을 찾느니라

11 어리석은 자는 자기의 노를 다 드러내어도
  지혜로운 자는 그것을 억제하느니라

12 관원이 거짓말을 들으면 그의 하인들은 다
  악하게 되느니라

13 가난한 자와 포학한 자가 1)섞여 살거니와
  여호와께서는 그 모두의 눈에 빛을
  주시느니라

14 왕이 가난한 자를 성실히 신원하면 그의
  왕위가 영원히 견고하리라

15 채찍과 꾸지람이 지혜를 주거늘 임의로
  행하게 버려 둔 자식은 어미를 욕되게
  하느니라

第29章

1 懲らしめられることが多いと人は頑固に
  なる。／彼は突然打ち砕かれ、もう癒す
  ことはできない。

2 神に従う人が大いになると民は喜び／神
  に逆らう人が支配すると民は嘆く。

3 知恵を愛する人は父を喜ばせる。／遊女
  を友とする者は財産を失う。

4 王が正しい裁きによって国を安定させて
  も／貢ぎ物を取り立てる者がこれを滅ぼ
  す。

5 友にへつらう者は／彼の一歩一歩に網を
  仕掛ける者。

6 悪を行う者は罪の罠にかかる。／神に従
  う人は喜びの叫びをあげる。

7 神に従う人は弱者の訴えを認める。／神
  に逆らう者はそれを認めず、理解しな
  い。

8 不遜な者らが町に騒動を起こす。／知恵
  ある人々は怒りを静める。

9 知恵ある人が無知な者と裁きの座で対す
  ると／無知な者は怒り、嘲笑い、静まる
  ことがない。

10 無垢な人を憎み、その血を流そうとする
  者がある。／正しい人々はその命を助け
  ようとする。

11 愚か者は自分の感情をさらけ出す。／知
  恵ある人はそれを制し静める。

12 支配者が偽りの言葉に耳を貸すなら／仕
  える人は皆、逆らう者となる。

13 貧しい人と虐げる者とが出会う。／主は
  どちらの目にも光を与えておられる。

14 弱い人にも忠実な裁きをする王。／その
  王座はとこしえに堅く立つ。

15 懲らしめの杖は知恵を与える。／放任さ
  れていた子は母の恥となる。

---

1) 히, 서로 만나거니와

Chapter 29

Use Good Sense

1 If you keep being stubborn after many warnings, you will suddenly discover you have gone too far.

2 When justice rules a nation, everyone is glad; when injustice rules, everyone groans.

3 If you love wisdom your parents will be glad, but chasing after bad women will cost you everything.

4 An honest ruler makes the nation strong; a ruler who takes bribes will bring it to ruin.

5 Flattery is nothing less than setting a trap.

6 Your sins will catch you, but everyone who lives right will sing and celebrate.

7 The wicked don't care about the rights of the poor, but good people do.

8 Sneering at others is a spark that sets a city on fire; using good sense can put out the flames of anger.

9 Be wise and don't sue a fool. You won't get satisfaction, because all the fool will do is sneer and shout.

10 A murderer hates everyone who is honest and lives right.[a]

11 Don't be a fool and quickly lose your temper— be sensible and patient.

12 A ruler who listens to lies will have corrupt officials.

13 The poor and all who abuse them must each depend on God for light.

14 Kings who are fair to the poor will rule forever.

15 Correct your children, and they will be wise; children out of control disgrace their mothers.

---

a) and lives right: Or "and those who live right are friends of honest people."

第 29 章

1 越受责罚而越顽固的人会突然败亡，无可挽救。

2 贤君治国，人民欢乐；
暴君当权，人民悲叹。

3 爱慕智慧的，父亲欣慰；
结交娼妓的，倾家荡产。

4 君王秉公行义，国必强盛；
贪污腐败，国必败亡。

5 谄媚邻舍，无异为你自己【15】张开罗网。

6 邪恶人掉在罪恶的陷阱里；
正直人却过自由快乐的生活。

7 义人尊重穷人的权利；
邪恶人没有这样的同情心。

8 狂妄人煽动城市作乱；
明智人维护地方安宁。

9 明智人控告愚昧人；
愚昧人只晓得嬉笑辱骂。

10 嗜杀的人憎恨正直人；
义人却保护【16】他的生命。

11 愚蠢人怒形于色；
聪明人心平气和。

12 君王若爱听虚伪的话，
他的臣仆必定是撒谎者。

13 穷人跟强暴人有一处相同的地方—
他们同样蒙上帝赐与眼睛。

14 君王若维护穷人的权益，
他的政权必长治久安。

15 鞭打管教可增智慧；
放纵的孩子使母亲羞惭。

【15】「你自己」或译「他」。
【16】「保护」：希伯来文是「讨」或「索取」。

16 악인이 많아지면 죄도 많아지나니 의인은
　　그들의 망함을 보리라

17 네 자식을 징계하라 그리하면 그가 너를
　　평안하게 하겠고 또 네 마음에 기쁨을
　　주리라

18 묵시가 없으면 백성이 방자히 행하거니와
　　율법을 지키는 자는 복이 있느니라

19 종은 말로만 하면 고치지 아니하나니 이는
　　그가 알고도 따르지 아니함이니라

20 네가 말이 조급한 사람을 보느냐 그보다
　　미련한 자에게 오히려 희망이 있느니라

21 종을 어렸을 때부터 곱게 양육하면 그가
　　나중에는 자식인 체하리라

22 노하는 자는 다툼을 일으키고 성내는 자는
　　범죄함이 많으니라

23 사람이 교만하면 낮아지게 되겠고 마음이
　　겸손하면 영예를 얻으리라

24 도둑과 짝하는 자는 자기의 영혼을
　　미워하는 자라 그는 저주를 들어도
　　진술하지 아니하느니라

25 사람을 두려워하면 올무에 걸리게 되거니와
　　여호와를 의지하는 자는 안전하리라

26 주권자에게 은혜를 구하는 자가
　　많으나 사람의 일의 작정은 여호와께로
　　말미암느니라

27 불의한 자는 의인에게 미움을 받고 바르게
　　행하는 자는 악인에게 미움을 받느니라

16 神に逆らう者が多くなると罪も増す。／
　　神に従う人は彼らの滅びるさまを見るで
　　あろう。

17 あなたの子を論すなら、安心していられ
　　る。／彼はあなたの魂に楽しみを与え
　　る。

18 幻がなければ民は堕落する。／教えを守
　　る者は幸いである。

19 僕を言葉で論すことはできない。／理解
　　したとしても、答えないであろう。

20 軽率に話す者を見たか。／彼よりは愚か
　　者にまだ望みがある。

21 僕を幼いときから甘やかしていると／後
　　には手のつけられないものになる。

22 怒りやすい人はいさかいを引き起こし／
　　激しやすい人は多く罪を犯す。

23 驕る者は低くされ／心の低い人は誉れを
　　受けるようになる。

24 盗人にくみする者は自分の魂を憎む者／
　　呪いが聞こえても黙っている。

25 人は恐怖の罠にかかる。／主を信頼する
　　者は高い所に置かれる。

26 支配者の御機嫌をうかがう者は多い。／
　　しかし、人を裁くのは主である。

27 神に従う人は悪を行う者を憎む。／神に
　　逆らう者は正しく歩む人を憎む。

16 Crime increases when crooks
are in power, but law-abiding
citizens will see them fall.

17 If you correct your children, they will
bring you peace and happiness.

18 Without guidance from God law and
order disappear, but God blesses
everyone who obeys his Law.

19 Even when servants are smart, it takes
more than words to make them obey.

20 There is more hope for a fool than for
someone who speaks without thinking.

21 Slaves that you treat kindly from their
childhood will cause you sorrow.b)

22 A person with a quick temper stirs up
arguments and commits a lot of sins.

23 Too much pride brings disgrace;
humility leads to honor.

24 If you take part in a crime you are
your worst enemy, because even
under oath you can't tell the truth.

25 Don't fall into the trap of being
a coward— trust the LORD,
and you will be safe.

26 Many try to make friends with a ruler,
but justice comes from the LORD.

27 Good people and criminals
can't stand each other.

16 邪恶人当权，罪恶增加，
　　但义人要看见他们败亡。

17 管教儿子，他会使你终生平安喜乐。

18 没有上帝的引导，人民就放荡无羁；
　　遵守上帝法律的人多么有福！

19 管教仆人不能只凭言语，他即使听懂也
　　不服从。

20 信口开河的人比愚拙的人更没有希望。

21 纵容仆人，让他自幼随心所欲，
　　有一天他会夺取你所有的财产【17】。

22 脾气暴躁的人常常激发争端，
　　制造乱事。

23 狂傲使人败落；
　　谦虚受人敬重。

24 跟盗贼同伙就是跟自己为敌；
　　他在法庭上宣誓也不敢说实话。

25 怕人批评有危险；
　　信靠上主得安宁。

26 人人想求君王的恩宠，
　　只有上主能伸正义。

27 义人厌恶不义的人；
　　恶人憎恨正直的人。

---

b) will. . . sorrow: One possible meaning
for the difficult Hebrew text.

【17】「他⋯⋯你所有的财产」或译「你不能控制他」。

제 30 장

아굴의 잠언

1 이 말씀은 야게의 아들 아굴의 ¹⁾잠언이니
그가 이디엘 곧 이디엘과 우갈에게 이른
것이니라

2 나는 다른 사람에게 비하면 짐승이라
내게는 사람의 총명이 있지 아니하니라

3 나는 지혜를 배우지 못하였고 또 거룩하신
자를 아는 지식이 없거니와

4 하늘에 올라갔다가 내려온 자가 누구인지,
바람을 그 장중에 모은 자가 누구인지, 물을
옷에 싼 자가 누구인지, 땅의 모든 끝을 정한
자가 누구인지, 그의 이름이 무엇인지, 그의
아들의 이름이 무엇인지 너는 아느냐

5 하나님의 말씀은 다 순전하며 하나님은
그를 의지하는 자의 방패시니라

6 너는 그의 말씀에 더하지 말라 그가 너를
책망하시겠고 너는 거짓말하는 자가 될까
두려우니라

7 내가 두 가지 일을 주께 구하였사오니 내가
죽기 전에 내게 거절하지 마시옵소서

8 곧 헛된 것과 거짓말을 내게서 멀리
하옵시며 나를 가난하게도 마옵시고
부하게도 마옵시고 오직 필요한 양식으로
나를 먹이시옵소서

9 혹 내가 배불러서 하나님을 모른다
여호와가 누구냐 할까 하오며 혹 내가
가난하여 도둑질하고 내 하나님의 이름을
욕되게 할까 두려워함이니이다

10 너는 종을 그의 상전에게 비방하지 말라
그가 너를 저주하겠고 너는 죄책을 당할까
두려우니라

11 아비를 저주하며 어미를 축복하지 아니하는
무리가 있느니라

12 스스로 깨끗한 자로 여기면서도 자기의
더러운 것을 씻지 아니하는 무리가
있느니라

第30章

アグルの言葉

1 ヤケの子アグルの言葉。託宣。／この人
は言う、神よ、わたしは疲れた。／神
よ、わたしは疲れ果てた。

2 まことに、わたしはだれよりも粗野で／
人間としての分別もない。

3 知恵を教えられたこともなく／聖なる方
を知ることもできない。

4 天に昇り、また降った者は誰か。／その
手の内に風を集め／その衣に水を包むも
のは誰か。／地の果てを定めたものは誰
か。／その名は何というのか。／その子
の名は何というのか。／あなたは知って
いるのか。

5 神の言われることはすべて清い。／身を
寄せればそれは盾となる。

6 御言葉に付け加えようとするな。／責め
られて／偽る者と断罪されることのない
ように。

7 二つのことをあなたに願います。／わた
しが死ぬまで、それを拒まないでくださ
い。

8 むなしいもの、偽りの言葉を／わたしか
ら遠ざけてください。／貧しくもせず、
金持ちにもせず／わたしのために定めら
れたパンで／わたしを養ってください。

9 飽き足りれば、裏切り／主など何者か、
と言うおそれがあります。／貧しけれ
ば、盗みを働き／わたしの神の御名を汚
しかねません。

10 僕のことを主人に中傷してはならない。
／彼はあなたを呪い、あなたは罪に定め
られる。

11 父を呪い、母を祝福しない世代

12 自分を清いものと見なし／自分の汚物を
洗い落とさぬ世代

---

1) 경고

Chapter 30

The Sayings of Agur

1 These are the sayings and the message of Agur son of Jakeh. Someone cries out to God, "I am completely worn out! How can I last?[c]

2 I am far too stupid to be considered human.

3 I never was wise, and I don't understand what God is like."

4 Has anyone gone up to heaven and come back down? Has anyone grabbed hold of the wind? Has anyone wrapped up the sea or marked out boundaries for the earth? If you know of any who have done such things, then tell me their names and their children's names.

5 Everything God says is true— and it's a shield for all who come to him for safety.

6 Don't change what God has said! He will correct you and show that you are a liar.

7 There are two things, Lord, I want you to do for me before I die:

8 Make me absolutely honest and don't let me be too poor or too rich. Give me just what I need.

9 If I have too much to eat, I might forget about you; if I don't have enough, I might steal and disgrace your name.

10 Don't tell a slave owner something bad about one of the slaves. That slave will curse you, and you will be in trouble.

11 Some people curse their father and even their mother;

12 others think they are perfect, but they are stained by sin.

c) last: One possible meaning for the difficult Hebrew text of verse 1.

第 30 章

亚古珥的箴言

1 以下是雅基的儿子亚古珥的箴言：
上帝不与我同在；
上帝不与我同在，我得不着帮助。

2 我像畜类，不像人；
我没有人所具有的智能。

3 我从来没有学得智慧；
我对有关上帝的事毫无所知。

4 有谁升过天又降下来？
有谁用手捕风？
有谁用布包水？
有谁为大地立定边界？
他是谁？你知道吗？
他的儿子名叫什么？

5 上帝信守他的每一个应许。他像盾牌，卫护所有投靠他的人。

6 如果你对他所说的话有所增减，他会谴责你，指出你是撒谎的人。

其他箴言

7 上帝啊，有两件事，求你在我未死之前成全：

8 使我不撒谎；使我也不穷也不富，只供给我所需要的饮食。

9 如果我有余，我可能说我不需要你。如果我缺乏，我可能盗窃，羞辱了我上帝的名。

10 不可对主人批评他的仆人，否则，你将被诅咒，受责罚。

11 有些人咒骂自己的父亲，不知道感谢他们的母亲。

12 有些人自以为洁净，其实满身污秽。

13 눈이 심히 높으며 눈꺼풀이 높이 들린
　　무리가 있느니라

14 앞니는 장검 같고 어금니는 군도 같아서
　　가난한 자를 땅에서 삼키며 궁핍한 자를
　　사람 중에서 삼키는 무리가 있느니라

15 거머리에게는 두 딸이 있어 다오 다오
　　하느니라 족한 줄을 알지 못하여 족하다
　　하지 아니하는 것 서넛이 있나니

16 곧 스올과 아이 배지 못하는 태와 물로
　　채울 수 없는 땅과 족하다 하지 아니하는
　　불이니라

17 아비를 조롱하며 어미 순종하기를 싫어하는
　　자의 눈은 골짜기의 까마귀에게 쪼이고
　　독수리 새끼에게 먹히리라

18 내가 심히 기이히 여기고도 깨닫지 못하는
　　것 서넛이 있나니

19 곧 공중에 날아다니는 독수리의 자취와
　　반석 위로 기어 다니는 뱀의 자취와 바다로
　　지나다니는 배의 자취와 남자가 여자와
　　함께 한 자취며

20 음녀의 자취도 그러하니라 그가 먹고 그의
　　입을 씻음 같이 말하기를 내가 악을 행하지
　　아니하였다 하느니라

21 세상을 진동시키며 세상이 견딜 수 없게
　　하는 것 서넛이 있나니

22 곧 종이 임금된 것과 미련한 자가 음식으로
　　배부른 것과

23 미움 받는 여자가 시집 간 것과 여종이
　　주모를 이은 것이니라

24 땅에 작고도 가장 지혜로운 것 넷이 있나니

25 곧 힘이 없는 종류로되 먹을 것을 여름에
　　준비하는 개미와

26 약한 종류로되 집을 바위 사이에 짓는
　　사반과

27 임금이 없으되 다 떼를 지어 나아가는
　　메뚜기와

28 손에 잡힐 만하여도 왕궁에 있는
　　도마뱀이니라

13 目つきは高慢で、まなざしの驕った世代

14 歯は剣、牙は刃物の世代／それは貧しい
　　人を食らい尽くして土地を奪い／乏しい
　　人を食らい尽くして命を奪う。

15 蛭の娘はふたり。／その名は「与えよ」
　　と「与えよ。」／飽くことを知らぬものは
　　三つ。／十分だと言わぬものは四つ。

16 陰府、不妊の胎、水に飽いたことのない
　　土地／決して十分だと言わない火。

17 父を嘲笑い、／母への従順を侮る者の目
　　は／谷の鳥がえぐり出し、鷲の雛がつい
　　ばむ。

18 わたしにとって、驚くべきことが三つ／
　　知りえぬことが四つ。

19 天にある鷲の道／岩の上の蛇の道／大海
　　の中の船の道／男がおとめに向かう道。

20 そうだ、姦通の女の道も。／食べて口を
　　ぬぐい／何も悪いことはしていないと言
　　う。

21 三つのことに大地は震え／四つのことに
　　耐ええない。

22 奴隷が王となること／神を知らぬ者がパ
　　ンに飽き足りること

23 憎むべき女が夫を持つこと／はしための
　　女主人を継ぐこと。

24 この地上に小さなものが四つある。／そ
　　れは知恵者中の知恵者だ。

25 蟻の一族は力はないが／夏の間にパンを
　　備える。

26 岩狸の一族は強大ではないが／その住み
　　かを岩壁に構えている。

27 いなごには王はないが／隊を組んで一斉
　　に出動する。

28 やもりは手で捕まえられるが／王の宮殿
　　に住んでいる。

13 Some people are stuck-
up and act like snobs;

14 others are so greedy that they gobble
down the poor and homeless.

15 Greed[d] has twins, each named
"Give me!" There are three or four
things that are never satisfied:

16 The world of the dead and
a childless wife, the thirsty
earth and a flaming fire.

17 Don't make fun of your father
or disobey your mother— crows
will peck out your eyes, and
buzzards will eat the rest of you.

18 There are three or four things
I cannot understand:

19 How eagles fly so high or snakes
crawl on rocks, how ships sail the
ocean or people fall in love.

20 An unfaithful wife says, "Sleeping with
another man is as natural as eating."

21 There are three or four things
that make the earth tremble
and are unbearable:

22 A slave who becomes king, a
fool who eats too much,

23 a hateful woman who finds a
husband, and a slave who takes the
place of the woman who owns her.

24 On this earth four things are
small but very wise:

25 Ants, who seem to be feeble, but
store up food all summer long;

26 badgers, who seem to be weak,
but live among the rocks;

27 locusts, who have no king,
but march like an army;

28 lizards,[e] which can be caught in
your hand, but sneak into palaces.

---

13 有些人自以为完美，眼目高傲。

14 有些人残暴地剥削穷人，吞食无助的，
靠榨取为生。

15 水蛭有两个女儿，都名叫「给我」。不
知足的有三，连从不说「够了」的有
四，就是：

16 阴间；没有儿女的妇人；干旱缺雨的土
地；蔓延不熄的火。

17 嘲笑父亲或藐视年老的母亲[18]的，将
被兀鹰所吃，眼睛将被旷野的乌鸦啄出
来。

18 神秘莫测、我所不明白的事有三、四样：

19 鹰在空中飞行；
蛇在磐石上爬动；
船在海上航行；
男女相恋。

20 不贞的妻子行为可耻：她偷吃了，把嘴
一擦，说：「我没有做过什么坏事！」

21 连大地也不能容忍的事有四：

22 奴隶作王；
愚昧人饱足；

23 讨厌的女人结婚；
婢女代替主母的地位。

24 世上有四种动物，体积小却非常聪明：

25 蚂蚁虽然弱小，却知道在夏天储备粮
食。

26 石獾并不强壮，却在岩石中筑造住处。

27 蝗虫没有君王，却能列队行进。

28 壁虎虽可用人手去抓，却住在皇宫里。

---

d) Greed: Or "A leech."
e) lizards: Or "spiders."

【18】「年老的母亲」是根据一古译本，希伯来文是「母亲的顺
服」。

29 잘 걸으며 위풍 있게 다니는 것 서넛이 있나니

30 곧 짐승 중에 가장 강하여 아무 짐승 앞에서도 물러가지 아니하는 사자와

31 사냥개와 숫염소와 및 당할 수 없는 왕이니라

32 만일 네가 미련하여 스스로 높은 체하였거나 혹 악한 일을 도모하였거든 네 손으로 입을 막으라

33 대저 젖을 저으면 엉긴 젖이 되고 코를 비틀면 피가 나는 것 같이 노를 격동하면 다툼이 남이니라

29 足取りの堂々としているものが三つ／堂々と歩くものが四つある。

30 獣の中の雄、決して退かない獅子

31 腰に帯した男、そして雄山羊／だれにも手向かいさせない王。

32 増長して恥知らずになり／悪だくみをしているなら、手で口を覆え。

33 乳脂を絞るとバターが出てくる。／鼻を絞ると血が出てくる。／怒りを絞ると争いが出てくる。

29 Three or four creatures
   really strut around:

30 Those fearless lions who
   rule the jungle,

31 those proud roosters, those
   mountain goats, and those rulers
   who have no enemies.[f)]

32 If you are foolishly bragging
   or planning something
   evil, then stop it now!

33 If you churn milk you get butter;
   if you pound on your nose,
   you get blood— and if you stay
   angry, you get in trouble.

29 脚步威武，引人注意的有四：

30 在百兽中最强壮、无所畏惧的狮子；

31 公山羊；
   威武的雄鸡；
   无敌的君王。

32 你如果愚蠢到狂傲的地步，或是心怀诡
   计，就得反省！

33 搅牛奶可得牛油；打人家的鼻子，鼻子
   就出血；激发怒气必引起争端。

f) enemies: One possible meaning for the
   difficult Hebrew text of verse 31.

제 31 장

르무엘 왕을 훈계한 잠언

1 르무엘 왕이 말씀한 바 곧 그의 어머니가 그를 훈계한 1)잠언이라

2 내 아들아 내가 무엇을 말하랴 내 태에서 난 아들아 내가 무엇을 말하랴 서원대로 얻은 아들아 내가 무엇을 말하랴

3 네 힘을 여자들에게 쓰지 말며 왕들을 멸망시키는 일을 행하지 말지어다

4 르무엘아 포도주를 마시는 것이 왕들에게 마땅하지 아니하고 왕들에게 마땅하지 아니하며 독주를 찾는 것이 주권자들에게 마땅하지 않도다

5 술을 마시다가 법을 잊어버리고 모든 곤고한 자들의 송사를 굽게 할까 두려우니라

6 독주는 죽게 된 자에게, 포도주는 마음에 근심하는 자에게 줄지어다

7 그는 마시고 자기의 빈궁한 것을 잊어버리겠고 다시 자기의 고통을 기억하지 아니하리라

8 너는 말 못하는 자와 모든 고독한 자의 송사를 위하여 입을 열지니라

9 너는 입을 열어 공의로 재판하여 곤고한 자와 궁핍한 자를 신원할지니라

현숙한 아내

10 누가 현숙한 여인을 찾아 얻겠느냐 그의 값은 진주보다 더 하니라

11 그런 자의 남편의 마음은 그를 믿나니 산업이 핍절하지 아니하겠으며

12 그런 자는 살아 있는 동안에 그의 남편에게 선을 행하고 악을 행하지 아니하느니라

13 그는 양털과 삼을 구하여 부지런히 손으로 일하며

14 상인의 배와 같아서 먼 데서 양식을 가져 오며

---

1) 경고

第31章

レムエルの言葉

1 マサの王レムエルが母から受けた諭しの言葉。

2 ああ、わが子よ／ああ、わが腹の子よ／ああ、わが誓いの子よ。

3 あなたの力を女たちに費やすな。／王さえも抹殺する女たちに／あなたの歩みを向けるな。

4 レムエルよ／王たるものにふさわしくない。／酒を飲むことは、王たるものにふさわしくない。／強い酒を求めることは／君たるものにふさわしくない。

5 飲めば義務を忘れ／貧しい者の訴えを曲げるであろう。

6 強い酒は没落した者に／酒は苦い思いを抱く者に与えよ。

7 飲めば貧乏を忘れ／労苦を思い出すこともない。

8 あなたの口を開いて弁護せよ／ものを言えない人を／犠牲になっている人の訴えを。

9 あなたの口を開いて正しく裁け／貧しく乏しい人の訴えを。

有能な妻（アルファベットによる詩）

10 有能な妻を見いだすのは誰か。／真珠よりはるかに貴い妻を。

11 夫は心から彼女を信頼している。／儲けに不足することはない。

12 彼女は生涯の日々／夫に幸いはもたらすが、災いはもたらさない。

13 羊毛と亜麻を求め／手ずから望みどおりのものに仕立てる。

14 商人の船のように／遠くからパンを運んで来る。

Chapter 31

What King Lemuel's Mother Taught Him

1 These are the sayings that King Lemuel of Massa was taught by his mother.

2 My son Lemuel, you were born in answer to my prayers, so listen carefully.

3 Don't waste your life chasing after women! This has ruined many kings.

4 Kings and leaders should not get drunk or even want to drink.

5 Drinking makes you forget your responsibilities, and you mistreat the poor.

6 Beer and wine are only for the dying or for those who have lost all hope.

7 Let them drink and forget how poor and miserable they feel.

8 But you must defend those who are helpless and have no hope.

9 Be fair and give justice to the poor and homeless.

In Praise of a Good Wife

10 A truly good wife is the most precious treasure a man can find!

11 Her husband depends on her, and she never lets him down.

12 She is good to him every day of her life,

13 and with her own hands she gladly makes clothes.

14 She is like a sailing ship that brings food from across the sea.

第 31 章

对王的训勉

1 以下是利慕伊勒王的母亲对王的训言：

2 「儿子啊，你是我所爱的，是我许了愿得到的。我该对你说什么呢？

3 不可在情欲上耗费你的精力，在女人身上浪费你的金钱；这种事曾经毁灭了君王。

4 听吧，利慕伊勒啊，君王不可喝酒，不可贪杯。

5 他们喝了酒就忘记国法，忽略穷苦人的权益。

6 烈酒是给快要死亡、心里愁苦的人喝的。

7 他们喝了就会忘记他们的困苦和不幸。

8 「要替不能说话的人发言，维护孤苦无助者的权益。

9 要替他们辩护，按正义判断他们，为穷困缺乏的人伸冤。」

贤慧的妻子

10 贤慧的妻子哪里去找！她的价值远胜过珠宝！

11 她的丈夫信赖她，绝不至于穷困。

12 她一生使丈夫受益，从来不使他有损。

13 她辛勤地用羊毛和麻纱制成衣服。

14 她像商船一样，从远方运粮供应自己的家。

15 밤이 새기 전에 일어나서 자기 집안 사람들에게 음식을 나누어 주며 여종들에게 일을 정하여 맡기며

16 밭을 살펴 보고 사며 자기의 손으로 번 것을 가지고 포도원을 일구며

17 힘 있게 허리를 묶으며 자기의 팔을 강하게 하며

18 자기의 장사가 잘 되는 줄을 깨닫고 밤에 등불을 끄지 아니하며

19 손으로 솜뭉치를 들고 손가락으로 가락을 잡으며

20 그는 곤고한 자에게 손을 펴며 궁핍한 자를 위하여 손을 내밀며

21 자기 집 사람들은 다 홍색 옷을 입었으므로 눈이 와도 그는 자기 집 사람들을 위하여 염려하지 아니하며

22 그는 자기를 위하여 아름다운 이불을 지으며 세마포와 자색 옷을 입으며

23 그의 남편은 그 땅의 장로들과 함께 성문에 앉으며 사람들의 인정을 받으며

24 그는 베로 옷을 지어 팔며 띠를 만들어 상인들에게 맡기며

25 능력과 존귀로 옷을 삼고 후일을 웃으며

26 입을 열어 지혜를 베풀며 그의 혀로 인애의 법을 말하며

27 자기의 집안 일을 보살피고 게을리 얻은 양식을 먹지 아니하나니

28 그의 자식들은 일어나 감사하며 그의 남편은 칭찬하기를

29 덕행 있는 여자가 많으나 그대는 모든 여자보다 뛰어나다 하느니라

30 고운 것도 거짓되고 아름다운 것도 헛되나 오직 여호와를 경외하는 여자는 칭찬을 받을 것이라

31 그 손의 열매가 그에게로 돌아갈 것이요 그 행한 일로 말미암아 성문에서 칭찬을 받으리라

15 夜の明ける前に起き出して／一族には食べ物を供し／召し使いの女たちには指図を与える。

16 熟慮して畑を買い／手ずから実らせた儲けでぶどう畑をひらく。

17 力強く腰に帯し、腕を強くする。

18 商売が好調かどうか味わい／灯は夜も消えることがない。

19 手を糸車に伸べ、手のひらに錘をあやつる。

20 貧しい人には手を開き、乏しい人に手を伸べる。

21 雪が降っても一族に憂いはない。／一族は皆、衣を重ねているから。

22 敷物を自分のために織り、麻と紫の衣を着ている。

23 夫は名を知られた人で／その地の長老らと城門で座に着いている。

24 彼女は亜麻布を織って売り、帯を商人に渡す。

25 力と気品をまとい、未来にほほえみかける。

26 口を開いて知恵の言葉を語り／慈しみの教えをその舌にのせる。

27 一族の様子によく目を配り／怠惰のパンを食べることはない。

28 息子らは立って彼女を幸いな人と呼び／夫は彼女をたたえて言う。

29 「有能な女は多いが／あなたはなお、そのすべてにまさる」と。

30 あでやかさは欺き、美しさは空しい。／主を畏れる女こそ、たたえられる。

31 彼女にその手の実りを報いよ。／その業を町の城門でたたえよ。

15 She gets up before daylight
   to prepare food for her family
   and for her servants. [g]

16 She knows how to buy land and
   how to plant a vineyard,

17 and she always works hard.

18 She knows when to buy or sell, and
   she stays busy until late at night.

19 She spins her own cloth,

20 and she helps the poor and the needy.

21 Her family has warm clothing, and
   so she doesn't worry when it snows.

22 She does her own sewing, and
   everything she wears is beautiful.

23 Her husband is a well-known and
   respected leader in the city.

24 She makes clothes to sell
   to the shop owners.

25 She is strong and graceful, [h] as
   well as cheerful about the future.

26 Her words are sensible, and
   her advice is thoughtful.

27 She takes good care of her
   family and is never lazy.

28 Her children praise her, and with
   great pride her husband says,

29 "There are many good women,
   but you are the best!"

30 Charm can be deceiving, and beauty
   fades away, but a woman who honors
   the LORD deserves to be praised.

31 Show her respect— praise her in
   public for what she has done.

---

15 她天未亮起床，为家人准备食物，分配工作给女仆。

16 她用自己赚来的钱购置田地，经营葡萄园。

17 她健壮而勤劳，不怕繁重的工作。

18 她知道自己所做每一件货品的价值，往往工作到深夜。

19 她为自己纺线，为自己织布。

20 她乐意周济穷苦人，伸手救助贫乏人。

21 她用不着为下雪担忧，因为一家人都有暖和的衣服。

22 她织造床单，为自己制麻纱和紫色布的衣服。

23 她的丈夫很有名望，是地方上的领袖。

24 她缝制衣服和腰带卖给商人。

25 她坚强，受人敬重，对前途充满信心。

26 她开口表现智慧，讲话显示仁慈。

27 她辛勤处理家务，不吃闲饭。

28 她的儿女敬爱她；她的丈夫称赞她。

29 她的丈夫说：「贤慧的女子不少，但你远超过她们！」

30 娇艳是靠不住的，美容是虚幻的，只有敬畏上主的女子应受赞扬。

31 她所做的事都有价值；她应当公开受赞扬。

---

g) and. . . servants: Or "and to tell her servants what to do."
h) She. . . graceful: Or "The clothes she makes
   are attractive and of good quality."

Jesus Christ is Risen. 예수 그리스도는 부활하셨습니다.
Jesus Christ Reigns. 예수 그리스도가 다스리십니다.
Jesus Christ will Return. 예수 그리스도는 다시 오실
것입니다.

JCR 은 그리스도 안에서 하나님의 뜻을 행하며,
하나님의 일을 온전히 이루어서 이 땅에 하나님의
나라를 세우기 위해 기도하고 있습니다.

Jesus Christ is Risen.　イエス・キリストは
よみがえりました。
Jesus Christ Reigns. イエス・キリストは治められます。
Jesus Christ will Return. イエス・キリストは再び来ら
れます。

JCR はキリストにあって神様のみこころを行い、神様
が御業をすべて成し遂げられ、この地に神様の国が臨む
ことをお祈りいたします。

Jesus Christ is Risen.
Jesus Christ Reigns.
Jesus Christ will Return.

JCR's mission is to be instrumental in building
God's kingdom on this earth by carrying out God's
will in Christ and accomplishing His work in its
entirety.

Jesus Christ is Risen. 耶穌基督复活了。
Jesus Christ Reigns. 耶穌基督掌权。
Jesus Christ will Return. 耶穌基督降临。

JCR 祈祷，靠着遵行主的旨意在耶穌基督里，
同时完整地成就主的工作， 能助于在此地建立
耶穌基督的世界。